文春文庫

徳川がつくった先進国日本

磯田道史

文藝春秋

はじめに

いま、この国は大変です。大震災に原発事故、景気は低迷し、国家財政は借金の山です。老後の生活保障に不安がつのるなか、税金は上がりそうな気配です。ただ、こんなに大変なのに、わたしたちは、いまでも「日本に生まれてよかった」と感じているのも確かです。地震や津波に襲われ、放射能汚染の危機に直面しても、やはり「この国に住み続けたい」と思っています。

なぜでしょうか。それは、おそらく、日本が「ここちよい国」だからでしょう。わたしたちの先祖が、暮らすのに快適なこの国をつくってきた歴史に秘密があるのだと思います。

わたしたちは、江戸時代という遺産をもっています。江戸時代二百六十年は、この国の素地をかたちづくった時代です。歴史家として確言しますが、落とした財布が世界で一番もどってくる日本、自動販売機が盗まれない日本、リテラシーの高い日本人、これらは明らかに「徳川の平和」のなかでできあがったものです。中世までの日本人はそんなものではありませんでした。しかし、江戸時代は何もせずに平和であったわけではありません。内乱、自然災害、侵略、いくつも危機や分岐点があったのですが、わたしたちの祖先が、そのたびに必死になって、未来を選択し、乗り越えてきました。

とするならば、江戸人の姿には、きっと、われわれが学ぶべきところがあるはずです。

わたしはNHK教育テレビ（Eテレ）のスタッフとともに、新しい視点で江戸時代をながめることの大切さを話し合いました。そして、平成二十三年（二〇一一年）十月に「さかのぼり日本史　江戸〝天下泰平〟の礎」という四回シリーズの番組で放映してもらいました。本書は、その放送内容をもとに、多くの人びとのご協力で出来上がったものです。国家のあり方が、社会のあり方が、人間のあり方が、問われているこのとき、この書物を読み、なにかを感じとっていただければ、幸いです。

磯田道史

徳川がつくった先進国日本

目次

第3章　宝永地震　成熟社会への転換　1707年（宝永4年）　81

第4章　島原の乱「戦国」の終焉　1637年（寛永14年）　111

第1章

「鎖国」が守った繁栄　1806年（文化3年）

1792 | ラクスマン、根室に来航して通商を求める

1804 | レザノフ、長崎に来航して通商を求める

ターニングポイント① 1806 | **露寇事件起こる（～07年）**

1808 | 間宮林蔵、樺太探査（～09年）

1825 | 異国船打払令

「徳川の平和」の岐点

江戸時代とひと口に言っても、徳川家康による開幕から明治維新まで、じつに二百六十年もの時が流れています。なぜ二百六十年も平和だったのか、その秘密を解き明かしたいと思います。長らく革命も内乱もなかった背景には国際環境や自然環境の変化を乗り越えた江戸期日本人のいとなみがあったのです。

これまで江戸時代を通史で語る場合、政治史的な観点からは、歴代将軍の事績や三大改革と呼ばれる幕政改革を一つの座標軸として二百六十年間を通観するのが一般的でした。すなわち、全国の大名を幕府が強く統制している。譜代大名を中心に選ばれた幕閣が将軍の「中央政府」をつくっていて、いろいろな改革をするけれども、徹底せず、幕府が衰えていく歴史としてとらえられている。しかし、現実の江戸時代史はそれほど単純ではありません。二百五十におよぶ諸藩がそれぞれ地域支配を受け持っており、藩の政治はしばしば幕府にも影響しました。そのうえ、外国からの影響も幕政をゆりうごかしました。

しかし、今日、一般化している江戸時代のイメージは、幕末ペリー来航まで日本は平和で、江戸の中期からヨーロッパの影響を大きくうけて動いていたとは考えられていません。教科書通りに、幕藩体制が徐々に形づくられ、成熟し、やがて制度疲労を起こし、崩壊してゆく――という流れで理解されています。幕藩体制という近代につくられた概念を用いて、その生成と爛熟《らんじゅく》、破綻《はたん》、崩壊という流れを追うだけで、はたして江戸時代とはどのような時代だったのかという本質的な問いかけに対し、十全な答えを得られるでしょうか。

江戸時代は、世界史上でも比較すべきものがないほど長期間にわたって平和が維持された「特異」な時代だった、とよく言われます。

もちろん、江戸時代が現代と比べてまるでパラダイスだったかのように語るのは正しくありません。強固な身分制のもと、支配階級である武士に対して、武士でない階層が今日の意識からすれば不当な扱いを受けていたことは事実です。また、そもそもすべての人に生まれながらにして人権が保障されているという近代的な意味での人権意識は、のちに西洋からもたらされたもので、江戸時代には国家による安全と生活の保障は当初、ほとんどありませんでした。さらに言えば、近代科学文明の洗礼を受ける以前の私たちの先祖は、天変地異に対して今よりももっと無力でしたから、その意味で人びとの生存が脅かされる危機は今日よりもはるかに大きかったはずです。

にもかかわらず、ではなぜ、「徳川の平和」（パクス・トクガワ）と呼ばれる現象が実現したのか。言い換えるならば、「泰平の世」と呼ばれる時代は、いかにして築かれたのか。いまわれわれが直面している課題、国家・政府は人びとの命をどのように保障したのか。江戸時代はどうしていたのか。本書では、この大きな疑問に答えることを最大の目的にしたいと思います。

こうした観点から時代の大きな転換をもたらしたターニングポイントを選ぶとなると、当然のことながら、先にあげた従来の江戸時代通史とは大きく異なる基準が必要となります。今回、第1章のターニングポイントとして選んだのは、文化年間（一八〇四〜一八年）に起きた「露寇《ろこう》事件」です。それは、長く続いた平和に慣れきった幕府が、一気に対外的な危機意識に目覚めざるを得なくなった国際紛争でした。と同時に、この危機を通じて徳川幕府は、この国と民衆を支配・統治するという基本的な原理について、改めて見直す機会を得ることにもなりました。どういうことでしょうか、まず事件のあらましを見ていきましょう。

文化爛熟期に起きたウェスタン・インパクト

　露寇事件が起きたのは、文化三年（一八〇六年）、十一代将軍徳川家斉《いえなり》の時代です。江戸時代も後期に入り、将軍のお膝元である江戸は百万人以上の人びとが暮らす、世界最大級の都市でした。都市のインフラ整備の観点からしても、同時代のロンドンやパリをしのぐ、世界最先端の都市だったと言ってよいと思います。すでに戦国の世は遠い昔話となり、江戸の繁栄を背景にした文化が、（その年号の名のとおり）隆盛を極めました。

　現代人が抱く江戸のイメージの多くが、この文化から次の文政年間（一八一八～三〇年）前後に生まれたものです。このころ広く親しまれた浮世絵や滑稽本には、相撲や落語、歌舞伎などの芝居に興じる庶民たちの姿が生き生きと描かれ、黄表紙《きびょうし》などの出版メディアや屋台などの外食産業も現れはじめます。醤油やみりん、酢などの調味料が普及して握り寿司が生まれたのも、また隅田川の花火やお花見が庶民を熱狂させたのも、この時代です。巨大都市江戸には、農村から絶えず仕事と生活の場を求めて人びとが流れ込み、分厚い民間社会が形成されていたのが特徴と言えるでしょう。

一方、世界に目を向けてみると、ヨーロッパの国々では、十八世紀後半に産業革命がはじまり工業生産が飛躍的に拡大していました。市場経済と工業化がすすみ銃器や大砲の大量生産がはじまりました。イギリスやフランスなど軍事的に進んだ工業化国は、その後二十世紀にまで続く植民地獲得競争へと乗り出していきました。言語を同じくする人びとが「民族」ごとに「国民国家」というものをつくり、まだ国民国家をつくるにいたっていない、アジアやアフリカの大地を住民もろとも「植民地」として分け取りにする時代の幕あけでした。十五世紀から十七世紀にかけて世界を覆った大航海時代が、新たに小銃や海軍力というエンジンを得て、再び世界を呑みこもうとしていたのです。

信長時代のヨーロッパ人は火縄銃（マスケット銃）を手作りする段階でしたから、まだ全世界を征服する力をもっていませんでした。ところが、小銃が工業的に大量生産され、優れた大砲をのせた軍艦がそれを運びはじめると、状況は一変します。西洋の征服力の衝撃波が東アジアにも及び、当然のことながら日本近海にも波及し、ちょうどこのころから、日本近海に外国船が出没しはじめます。日本に公式に通商を求めてきた最初の接触は、寛政四年（一七九二年）にロシアから来た使節ラクスマンでした。ロシアが保護した大黒屋《だいこくや》光太夫《こうだゆう》ら日本人漂流民をともなって根室に来航したラクスマンは、通商関係樹立の交渉のために江戸へ赴きたいと要求しました。

この報に接した幕府は、大いに困惑します。時の老中松平定信は、ラクスマンの船が江戸湾へ現れる事態となれば、将軍のお膝元である江戸が大混乱となるばかりか、幕府の権威自体が大きく損なわれることを危惧《きぐ》しました。そこで定信は、松前に滞在するラクスマンに対し、日本の国法を教え諭《さと》すという意味の「国法書」を手渡します。そこには、「通信なき異国の船が日本の地に来るときは、召し捕るか、海上にて打ち払うのがいにしえよりの国法である」と記してありました。すなわち、幕府はラクスマンの通商要求を拒絶するかわりとして長崎への入港許可証（信牌《しんぱい》）を与え、希望するなら長崎での交渉も可能であることを示唆しました。

ラクスマン、レザノフと日本との出会い

ラクスマンの帰国から十二年後の文化元年（一八〇四年）九月、かつて幕府が

ラクスマンに与えた入港許可証を携えたロシア使節が、長崎に現れました。ロシア皇帝から派遣されたニコライ・レザノフの一行です。レザノフは、ロシア帝国の首都（当時）サンクトペテルブルクに生まれた軍人で、判事などを経験した後、北米太平洋岸からアラスカ、カムチャツカで交易に携わっていました。当時、ロシアは露米会社という国策会社を作って、この地域を経営しており、彼はその総支配人でした。ところが、絶海に孤立したこの会社は補給がうまくいかず、食料不足で病死人が出る始末でした。これに目をつけたレザノフはロシア宮廷に働き掛け、自ら遣日使節となって日本に赴くことに成功します。日本に中継地を開いて、この会社を経営すれば大利を得られると考えたのです。

長崎の出島に到来したレザノフは、ロシア皇帝の親書を幕府役人に渡し、ラクスマンと幕府との外交交渉を引き継ぐ名目で、改めて日本との通商を求めました。しかし、当時の幕府は、すでに老中松平定信が政権から去ったあとでした。定信は、八代将軍吉宗の孫にあたり、血筋の良さを背景に、寛政の改革を進めた実力者でした。学問好きで外国事情にも詳しく、この人は西洋文明の何たるかを知っている当時としてはめずらしい人材でしたが、すでに老中首座の座からおろされていました。その結果、強力な指導者を失った幕府の外交力は低下していたのかもしれません。

対応に悩んだ幕府は、レザノフへの回答をずるずると引き延ばし、使節を長崎に留め置くという、その場しのぎの方策を取ります。ようやく幕府からの回答がレザノフのもとに届いたのは半年後。レザノフに手渡された「教諭書」は、次のような内容でした。

「我が国は中国・朝鮮・琉球・オランダと往来しているが、その他の国とは通信・通商しないのが国是《こくぜ》である」

通商拒絶と国外退去を命じられ、レザノフは顔色を失ったといいます。レザノフの一行は目的を果たせず、長崎を退去します。幕府は、これまでの外交秩序をかろうじて守り通しました。

当時のロシアは女帝エカチェリーナ二世と孫のアレクサンドル一世のもとに領土拡大を続け、海外貿易も積極的に推進していきました。この時期のロシアの面白さは軍隊でなく商人の活動が領土を拡げていったことです。戦争でなく商業活動が国を大きくしていきました。極東を支配するなら日本との商売です。アリューシャン諸島でとれる乾魚、塩魚、鯨油、獣油の類を日本人に売り、日本から、織物や米麦・銅鉄器を仕入れて、シベリア各地で売りさばこうとしました。ロシアはこうした目的を達するために日本との通商を強く求めていましたが、なんといっても、日本と通商関係を結べば、北方での活動で最大の問題となっている食料と水が確保できます。こうした流れに、レザノフというひとりの野心家の思惑が重なり、日本に通商を求める動きが活発化したと言えるでしょう。

これに対し、幕府の対応はきわめて場当たり的でした。ラクスマンに与えた「国法書」も、そしてレザノフに手交した「教諭書」も、どちらも確固たる幕府の方針を記したものではなく、とりあえずロシア使節を追い払うための、いわば方便としてつくったものに過ぎません。幕府としてはロシア使節が立ち去ってくれればそれでよい。そこでロシアを追い払う口実として、「国交のない異国船は見かけしだい打ち払うのが古くよりの国法」と脅したわけです。その背景には、将軍の「武威《ぶい》」を示して脅かせば相手は立ち去っていくだろうという甘い見通しもありました。国内ではその理屈も通用したかもしれませんが、外交実績も持たず、日本の国情に通じていない外国相手に、こうした内向きの論理が通用すると思っていたところに、幕府外交の脆弱《ぜいじゃく》さを窺い知ることができます。歴史上、島国日本は、しばしば国内の事情・論理で外交をやって袋小路に入っています。外交には相手がありますから、自分中心の天動説ではやれません。広い視野がないと、危うくなるのです。

しかし、結果的にこれが幕府の外交政策にとって重大な転換点になっていきます。江戸時代の日本は「鎖国」していた——といわれますが、文字通り「国を鎖《とざ》」していたわけではありません。三代将軍家光の時代の寛永年間（一六二四〜

四四年）、海外渡航した日本人の帰国や、ポルトガル船の来航を禁じましたが、中国やオランダなどとは長崎での通商を認めてきました。その目的はキリスト教の流入を防ぐことと幕府が貿易を管理することにありました。日本・中国・朝鮮は海賊と秀吉の朝鮮出兵と侵略にこりていました。海の交流は限定して国家が管理し、互いに平和を保つことで、日本・中国・朝鮮とも一致していましたので、現在では、こうした政治体制を「東アジアの海禁体制」と呼ぶのが通説となっています。

そもそも、「鎖国」という言葉そのものがラクスマン出現のころはまだ存在しません。享和元年（一八〇一年）、蘭学者の志筑忠雄《しづきただお》が、十七世紀末に来日したドイツ人医師ケンペルの著書『日本誌』の一部を翻訳した際に「鎖国」と造語したのが初出と言われています。幕府首脳がこの言葉を使いだすのは十九世紀も半ばになってからで、まだ半世紀も先のことなのです。

幕府にとっては、家光以来たまたま外国船がやって来なかったから「鎖国」が事実として続いてきたというだけの認識でした。むしろ「鎖国」というのは、ラクスマンやレザノフによる「ロシアの接近」を機に強く意識されていったと言えるかもしれません。否が応でも対応を迫られた幕府が、彼らの「開国」要求を撥《は》ねつけるために、まるで家康以来の伝統「祖法」であったかのように「鎖国」という観念を急速に形づくっていったというのが実情に近いのではないでしょうか。このことを日本史研究者は「鎖国祖法化」とよんでいます。鎖国が祖法化される政治過程については、藤田覚『近世後期政治史と対外関係』が明らかにしています。

さて、通商を求めるロシアからの使節を体《てい》よく追い払った徳川幕府ですが、事態は一転して緊迫していきます。

ロシア船襲撃事件

徳川幕府の通商拒絶によって、レザノフは国外退去となります。しかし、半年以上も幽閉さながらの状態に置かれたあげく、手ひどい仕打ちを受けたことに激しく憤り、日本への報復を計画します。何しろ彼の露米会社は補給不足で死人が出るほどでしたから、切羽詰まっていました。文化三年（一八〇六年）九月、レザノフの指令を受けたロシア軍艦ユノナ号が突如、樺太南部の松前藩の施設を襲撃しました。指揮を執っていたのはフヴォストフ大尉で、ロシア海軍の仕官であり、レザノフの露米会社の社員でもありました。

上陸したロシア人は、この地を警固していた松前藩の施設をことごとく焼き払うという暴挙に出ます。この事件は鎌倉時代の蒙古襲来、すなわち「元寇」以来の対外危機ということから、「露寇」事件（文化露寇）と呼ばれています。

さらに翌文化四年（一八〇七年）四月、ロシア軍艦二隻が択捉島《えとろふ》に出現し、幕府の警備施設を襲撃します。ここでも水や食料を奪って建物に火を放つなどの狼藉《ろうぜき》の限りを尽くしましたが、択捉島の警備にあたっていた南部藩の砲術師・大村《おおむら》治五平《じごへい》がこのときの様子を『私残記《しざんき》』という日記に詳細に書き残しています。

「赤人《あかひと》どもはただちに上陸した。大砲を車に乗せて陸にあげ、二十三、四人上陸した一隊は、大砲と鉄砲を、すきもなくうちかけて来た」（森荘已池現代語訳）

こうした状況に、日本側の守備兵たちはなす術もありませんでした。

「このとき、壮丁漁夫の者どもは、鉄砲をかついで、みな山中に逃げこんだ。壮丁漁夫どもだけでなく、たいていの者は、このとき姿を消してしまったのである。赤人どもは、家や小屋に火を放ち、又舟に乗って、舟から陸へ鉄砲をうった」

（同前）

警備兵たちはまともに応戦するどころか、ほとんどが退散してしまったというのです。当時の幕府の役人は「もとよりヲロシア国は攻戦を好まず」（『休明光記』）と思っていたので不意をつかれました。『私残記』を記した大村治五平は、山中でロシア兵に捕らえられ、捕虜となりました。『私残記』自体は四百字詰め原稿用紙にして七十枚ほどの短い記録ですが、大村が捕虜となって船に連行されたときの体験をもとに描いた絵も収録されています。そこには、ロシア船内の間取りや武器の種類、ロシア人の風体などが詳細に描かれていて、当時のロシア側の様子をつぶさに知ることができます。大村はロシア船内で砂糖を食べさせてもらったようで、そのとろけるような甘さを絶賛しています。

ロシア兵による択捉島襲撃事件と、日本の守備隊が敗走した情報はまたたく間に江戸を席巻しました。当時、江戸市中では次のような歌が詠まれました。

「蝦夷《えぞ》の浦に　打出て見れば　うろたへの　武士のたわけの　わけもしれつつ」

もちろん、『百人一首』の古歌「田子の浦に　うち出でてみれば　白妙の　富

士の高嶺に　雪は降りつつ」（山部赤人）のもじりであることは言うまでもありません。人びとは、無惨に敗走した守備兵たちを批判し、揶揄《やゆ》する心情を、この狂歌に託しました。関ヶ原合戦などの本格的な戦乱が終わってすでに二百年近く経ち、武士といえども戦うことに慣れていない。いわば平和ボケのような、気風のゆるみがあったのではないか――と、当時の人びとも感じていたのでしょう。落首《らくしゅ》などでこうした武士の姿を「日本の恥」と表現して揶揄したのです。大村たちはロシア船から島を防備するといっても、防御海岸の水深を測って敵の侵入路を想定する基本作業もしていません。何をしていたかといえば、国の恥になるからと、兜の緒の結び方を教えあっていました。日本人は他人の目を重んじ、行儀・作法はきちんとしていますが、一番大切なことを自分で考えて実行に移すのは苦手なのでしょうか。以前、日本文学者のドナルド・キーン氏がワイングラスの持ち方にこだわる私に「日本人はすべてを作法にします」といったことがありましたが、戦争も作法のレベルで考える日本人の姿には考えさせられます。

平成二十二年(二〇一〇年)、ロシアのサンクトペテルブルクの博物館に、この露寇事件の際にロシア側が日本から略奪した兵器などが多数収蔵されていることが確認されました。そのなかに、戦国時代の大砲と思われるフランキ砲が二門含まれていたことがわかり、新聞でも話題になりました(「朝日新聞」二〇一〇年九月六日)。一つは豊後大分の戦国大名大友宗麟《そうりん》が使用した「国崩《くにくず》し」と呼ばれるもので、もう一つは豊臣秀吉の朝鮮出兵の際に大坂城に持ち帰った「さはりの大ハラカン」と呼ばれる大砲だと推測されています。

収蔵品の多くにはほとんど傷みは見られず、津軽・南部藩から動員された日本側の守備兵が、さして戦うことなく敗走したという記録を裏付けていました。日本側は、戦国時代の「遺物」といえる旧来の作法にかなった兵器でロシア軍をむかえていたのです。

開国論と鎖国論

いずれにせよ、この二度にわたるロシアの襲撃事件は、幕府に大きな衝撃を与えました。幕藩体制は、将軍の武威「幕府は強いぞ」という権威で成り立っていました。すでに二百年にわたり実戦の機会はありませんが、将軍が統治者として認められ、権力を行使できるのは、諸大名を圧倒する武力をもっているからでした。幕府の本質は「軍事政権」であり、その権威の源泉は武力で、一度でも弱いとみなされれば、この政権はもちません。武力がなく経済基盤が弱くとも、血統のカリスマで地位を保てる天皇とは違います。幕末に長州を征服できず、鳥羽伏見で一度敗れただけで、日本中の大名が蜘蛛の子を散らすように、徳川から離れたのをみれば、それはおわかりいただけると思います。戦争に負けても、朝廷（天皇制）は維持できますが、武を司る幕府は負ければ終わりです。

その幕府にとって、ロシアの攻撃を見過ごすことはもちろん、戦って負けることは絶対に許されないことでした。したがって露寇事件に対しても、幕府はメンツをかけて何が何でも応戦しなければなりませんでした。

ロシア船襲撃の報を受けた幕府は、ただちに東北諸藩に、蝦夷地への増派・出兵を命じました。択捉島襲撃の翌月、津軽・南部・秋田・庄内の各藩は三千名の兵を蝦夷地に派遣し、箱館から宗谷、斜里《しゃり》など、海岸線の要所に藩兵を配置しました。さらに、幕府はいわゆる「ロシア船打払令」を出しました。今後ロシア船を見受けたらばすぐに打ち払い、海岸に近づく場合は召し捕り、または打ち捨てろ、と、各藩に通達し、ここに、ロシアとの軍事衝突の緊張がピークに達したのです。

露寇事件は、結果として開国か鎖国かの議論も活発にさせました。杉田玄白《げんぱく》や大槻玄沢《おおつきげんたく》といった蘭学者、つまり海外の事情に通じた開明派の人びとは、通商容認の開国論を唱えるようになります。彼らはおおむね、大国ロシアと戦っても勝ち目はないから通商を開いた方がいいという考えでした。対して、国学者の平田篤胤《あつたね》らはロシアを仮想敵国とみなし、断固ロシアと戦うべきとの立場です。平田国学は、尊王攘夷思想の形成にも大きな影響を与え、明治維新へと進んでゆく思想的な土壌を準備したとされていますが、その篤胤が国学を志すきっかけとなったもの——それが、この露寇事件だったとも言われています。隣国が強くなり、自国に迫ってくると、にわかに愛国心が高まるのは、古今東西、よくみられます。ロシア船による度重なる襲撃によって、開国論と鎖国論がせめぎあうという、のちの幕末の議論を先取りするような状況がこのときに起きていました。そうしたなか、幕府は自らの面目を保つために、「鎖国」に傾いていくのです。

武力衝突の回避へ

ところで、文化四年（一八〇七年）十二月、幕府から「ロシア船打払令」が出されたころ、真冬の知床《しれとこ》では幕府の命をおびた津軽藩兵およそ百名が海岸警備に付いていました。津軽藩の下級藩士、斎藤文吉（勝利）が記した日記『松前詰合日記』には、極寒のなか、わずかな装備と食料で警備につく兵士たちの様子がつづられています。

「日に日に大海一面に氷が張りだし、（中略）その上へ氷が押し上げられて大山のようになった。皆はただただ驚き入るばかりであった」

日記によれば、寒さと栄養不足による浮腫病《ふしゆびよう》で、ひと冬の間、毎日のように兵士たちが倒れていったといいます。情報と補給のない軍隊ほど悲惨なものはありません。百名いた津軽藩兵のうちの七十二名が、冬を越せずに知床・斜里の地で亡くなりました。この「津軽藩士殉難事件」は、津軽でも斜里でも長い間「知られざる悲劇」でしたが、昭和二十九年（一九五四年）に『松前詰合日記』が発見されたことで、広く知られることになりました。

この津軽藩士殉難事件と時をほぼ同じくして、幕府内部では蝦夷地警備のあり方についての議論が高まっていました。文化五年（一八〇八年）二月、幕府の老中たちは、蝦夷地を統括する松前奉行に対して、「蝦夷地警衛をいかが沙汰すべき」と意見を求めます。これに対して、松前奉行は「ロシアなど恐れるに足りぬというのは潔《いさぎよ》く聞こえるが、民命《みんめい》に関わる浅見である」（「蝦夷地取計方之義ニ付申上候書付」〈海防続彙議　巻之三〉）と上申しています。

松前奉行は、ここで「民命」という言葉を使い、ロシアとの紛争で人びとの生命が無為に危険にさらされる事態を回避するよう訴えました。さらに上申書は次のように続きます。

「すでに仙台・会津両藩は三千の兵を出すのに疲れ果てている。たとえ二万三万を動員しても蝦夷地全域を警備することは難しい」

上申書は、蝦夷地警備につく東北諸藩の兵士たちの窮状を訴え、現在の海岸防衛策がいたずらに国力を疲弊《ひへい》させていることを幕府に訴える内容でした。松前奉行の訴えを受けた老中たちは、「ともかくもその時に応じよろしく取り計らうべし」と回答し、ロシア船の打ち払いを実行するかどうかは、事実上、松前奉行に託されることになりました。

一方、ロシアではこのとき、襲撃の首謀者たちは皇帝の許可を待たずに独断で行動したとして、サハリンで投獄されていました。事件の発端をつくったレザノフは一八〇七年、択捉襲撃が行われたころにはすでに、サンクトペテルブルクに向けてのシベリア横断中に病死しています。つまり、もちろんこうした事実を徳川幕府は知るよしもありませんでしたが、ロシア船が再び襲撃してくる可能性は事実上なくなっていたわけです。

こうして、文化年間のロシアとの軍事衝突は幻に終わりましたが、しかし、一歩間違えば大国ロシアとの戦争という非常事態であったことは間違いありません。明治三十七年（一九〇四年）、日本とロシアは世界初の大規模近代戦争といわれる日露戦争を繰り広げますが、そのほぼ百年前、「第〇《ゼロ》次日露戦争」とでもいうべき戦争へと突入していたかもしれなかった、という事実は特記すべきだと思います。日本史には「幻の日露戦争」が存在するのです。

幕府は、この一連の紛争を通じて対外的危機への備えを固めるようになり、海防体制の強化に乗り出していきます。こうした国防意識の高まりが、結果として江戸時代後期の繁栄を持続させることにつながったと見ることはできるでしょう。しかし一方で、世論の動揺に対する自分たちの威信を取り戻す配慮でしょうか、幕府は光格《こうかく》天皇に事件の経緯を報告していますが、それがまた結果的に、幕府が国政——わけても対外関係について、朝廷の顔色を窺わざるを得ないという「前例」をつくってしまったとも言えると思います。ペリー来航以降の朝幕関係を髣《ほう》髴《ふつ》とさせる状況が、この事件をきっかけに現れはじめていたのです。

「民命」の重さ

では、最後にこの章を締めるにあたって注目すべき部分を見てみましょう。

蝦夷地に派遣された諸藩の兵士が苛《か》酷《こく》な任務につくなか、幕府の官僚である松前奉行が老中に対して堂々と意見したことは述べました。出先機関の役人が、一国の外交方針に対して異議を申し立てたのです。

一つ指摘しておきたいのは、松前奉行が「民命」という言葉を用いて人命尊重の考えを示しているように、身分制度に縛られた当時の世の中で、「民の生命や財産を守る」という価値観が社会のすみずみまで共有されていた——という事実です。

幕府のこうした価値観を如実に表す逸話があります。幕末、徳川幕府は長崎に西洋医学の病院を建てました。その用地として一人の貧しい農民に土地の譲渡を頼んだところ、幕府の申し出にもかかわらず、農民は頑《かたく》なに拒否しました。これに対して幕府は強制的に土地を奪うどころか、その農民の言い分を認めて別の土地をあたることにしたというのです。今日であっても、国家・政府の目的に公共性があれば、土地収用はなされます。しかし、幕府はそうしなかった。徳川二百年の歴史がつくりあげてきた、民の生命財産を尊重する価値観が、こうした出来事から垣間見えるのです。

この露寇事件という対外的な危機を乗り越えたことで、徳川の平和はさらに続きました。こうしたことが、文化文政期の都市文化の爛熟につながっていきました。われわれが時代劇で見る江戸時代は、主に天保（一八三〇〜四四年）以後の姿です。露寇事件で、どうかしていれば、まったく別な徳川日本が出現し、ドラマで見る日本も違ったものになっていたことでしょう。

露寇事件のおよそ五十年後、日本は黒船来航、すなわちペリーによる強制的な開国を迎えますが、ロシアとの対外危機を経験したことは、幕府にとって外国の脅威に対する予行演習、いわばワクチン接種のような働きをもたらしました。この経験があったからこそ、まがりなりにも幕末に黒船を迎える心の準備ができたのです。日本の近代はアメリカ＝ペリーが開いたように語られますが、それは違います。ロシアこそが国境を接する唯一の西洋国であり、まずロシアとの対峙という前史があって、日本の近代化があるわけです。このことがきちんと教えられていないのは、日本の歴史教育の残念なところです。

もし、このときにロシアと戦争になっていたら、その後の歴史はどうなっていたでしょうか。一つ確実なのは、平和な町人文化の隆盛などはなかったということです。十九世紀初頭の段階で、日本は幕末と同様の混乱と対立の渦巻く状況に陥っていたはずです。そうなれば、私たちが「江戸文化」と呼んでいる、江戸時代に達成された文化的な「成果」は、ついに成熟に至ることはなかったでしょう。そして、もっと現実的に見れば、幕府が諸藩に出兵を強いることで幕藩体制は軋《きし》みだし、ペリー来航の前にすでに徳川体制の崩壊は始まっていたかもしれません。とにもかくにも、こうした事態を何とか乗り切ったことで、徳川幕府は江戸時代後期の繁栄を実現し、その命脈をさらに五十年以上にわたって保つことが可能になりました。

長く続いた「徳川の平和」は世界史的にも奇跡的な達成でしたが、その平和とは何もせず常に一貫して平和であったわけではありません。徳川幕府にとっては「災害」ともいえる露寇事件はもとより、「徳川の平和」はこうした対外的な〝危機を乗り切る〟ことで、かろうじて〝維持し、再生産していった〟ものであった——という点は、ぜひ押さえておきたいところです。

では、この露寇事件をきっかけに再認識された「民の生命と財産を維持する」

という価値観と、「民を守る」という政治意識は、どのようにしてつくりあげられたのでしょうか。露寇事件は国際紛争でしたが、江戸時代を通じて、人びとの生活を脅かし幕府の支配を揺るがしかねない脅威とは、基本的には「自然災害」でした。

次章では、江戸時代中期の天明年間（一七八一〜八九年）にさかのぼり、こうした危機に幕府をはじめとする支配層がいかに対処したかについて目を向けてみたいと思います。

第2章

飢饉が生んだ大改革

1783年（天明3年）

1772｜田沼意次、老中となる

ターニングポイント② 1783｜**浅間山噴火・天明の飢饉（～87年）**

1787｜江戸の打ちこわし
松平定信、老中首座となる

1789｜幕領に郷蔵の建設を命じる
諸大名に囲籾令を出す

幕府中興の祖、吉宗の行った改革

江戸時代の社会は、二百六十年にわたって平和を維持することができた、世界史上まれにみる安定社会でした。第１章では、ロシアとの対外危機を回避した徳川幕府が、民の生命・財産を尊重するという価値観を再認識し、結果として、江戸時代の後半期にいたるまで社会の繁栄を持続させていった過程に目を向けました。

では、そうした民を守る政治という意識は、いつ、どのようにして生まれたのか。この章では、それを探るために、天明年間（一七八一～八九年）に時代をさかのぼってみます。時代のターニングポイントと位置付けるのは、天明三年（一七八三年）に起きた浅間山噴火と、その後の大飢饉《ききん》、いわゆる天明の飢饉です。江戸時代は農業社会でしたから、自然環境が今とは比べ物にならないほど、人びとに大きく影響しました。この視点から江戸時代を考え直す必要があります。

まず、政治史的な流れについて押さえておきたいと思います。八代将軍徳川吉宗は、享保の改革を推進して弛緩《しかん》した幕府財政・政治の引き締めをはかったことで、歴代将軍のなかでも徳川中興の祖とされます。吉宗が将軍になる直前、十七世紀末から十八世紀初めには、江戸や名古屋をはじめとする大都市が発達し、都市への人口集中が加速していました。都市での消費が大きくなりました。米以外の商品をたくさん生産・流通・消費するようになりました。そうすると、武士のほかに、米以外の商品を作ったり、あきなったりする者が豊かになってきました。経済活動全体における「米」の比重は小さくなり、それまで日本経済の「基本通貨」としての役割を担っていた「米」の相対的価値が下落し始めました。将軍吉宗が行った政治の根本的な命題となり、同時に吉宗を終生苦しめたのは、「いかにして米の価値の下落を押しとどめるか」ということでした。吉宗が「米将軍」と呼ばれた由来はここにあります。

武士の収入は米の石高で決まっていたので相対米価が下がると武士は困ります。武士は農民から取った年貢米を売って暮らしていました。それは幕府財政にとっても同じことで、米価が低迷すると、年貢米に頼っている幕府財政も低迷してしまいます。

吉宗が将軍に就任した当時、すでに幕府財政は非常に逼迫《ひっぱく》していました。吉宗は財政再建のため、享保の改革を主導します。改革の柱となったのは、緊縮財政と農業生産の向上でした。支出を削り、生産向上によって収入を増やすのが、何といっても改革の王道です。紀元前から現代にいたるまで、財政立て直しの方法は変わっていません。

吉宗は、緊縮財政を推し進めるために倹約の徹底を図ります。しかし、いくら財政支出を抑えても、税収を増やさないことには赤字財政を根本的に解決することはできません。そこで税収を増やすため、吉宗は二つの政策を断行しました。一つは新田開発であり、もう一つは年貢の増徴です。享保七年（一七二二年）、幕府は新田開発令を発して各地の新田開発を促進します。越後の紫雲寺潟新田《しうんじがたしんでん》、下総の飯沼新田、武蔵の見沼新田や武蔵野新田などが、このときに開かれました。

また、それまで幕府領では毎年の収穫高に応じて年貢量を決定する「検見法《けみほう》」（検見取法《けみどりほう》）によって年貢を徴収していましたが、このときから年貢額を一定期間固定する「定免法《じょうめんほう》」という方式に切り替えられます。こうすることで、役人の不正防止と税収の安定化が図られ、同時に、年貢率の引き上げも実行されました。それまで、幕領の年貢率はおおむね四公六民、すなわち年貢率は四〇パーセントでしたが、享保十二年（一七二七年）を境に、五公五民へと一〇パーセントのアップが図られました。

こうした努力により、幕領の年貢総額は、享保元年（一七一六年）から十一年までは年平均で百四十万石だったのが、享保十二年から元文元年（一七三六年）

までは百五十六万石となりました。年平均で、十六万石も増加していることがわかります。幕領の統治にあたる者たちが「ごまの油と百姓は絞れば絞るほど出る」と述べたと噂されたように、徹底した年貢増収に邁進《まいしん》したのです。

享保改革の結果、幕府の年貢収入はそれなりに伸びました。さらに吉宗は、甘《かん》藷《しょ》（サツマイモ）や櫨《はぜ》（ロウソクの原料）などの生産を促す殖産興業政策を推進し、朝鮮人参などの輸入品の国産化にも力を入れることで財政再建を推し進め、享保十五年ごろには、江戸城の金蔵にかなりの備蓄ができたとされています。

しかし、一方では吉宗政権が行った強引な年貢増徴は庶民の不満を増大させ、代官の罷免《ひめん》を求める訴えや、百姓一揆が頻発するという事態を招いてしまいます。こうした動きは、幕府統治を不安定化させるマイナス要因ともなりました。

田沼政治の功罪

吉宗政権の後に幕府財政の改革を担ったのは、老中田沼意次《おきつぐ》でした。意次の父田沼意行《もとゆき》はもともと紀州藩士でしたが、藩主の吉宗が将軍となった際に江戸に随行し、そのまま新参の旗本となった人物です。意次は、吉宗の世子家重《いえしげ》の小姓となったことで出世の糸口をつかみ、家重、家治《いえはる》と二代の将軍に仕えて、わずか石高六百石の旗本から、一気に老中の座へと昇進し、五万七千石の大名へと異例の出世を遂げました。

田沼は、一般的には賄賂《わいろ》政治を行った人物と認識されていますが、実際には商品経済、貨幣経済の進展を見据えて、それまで年貢収入だけに依拠していた幕府の財政基盤を見直そうと試みた、先進的な一面をもつ政治家でした。田沼は商業や流通の面から、幕府が収入を得られないか、と工夫をこらし、米依存の幕府に新たな財源を求めようとしたわけです。その政策は、今日では重商主義的な積極政策と評価されています。

なかでも代表的な政策は、株仲間の積極的な公認でしょう。株仲間はそれ以前からも存在しましたが、田沼は米以外の特産品や商品生産とその流通に携わる商人層に、積極的に株仲間を結成するよう働きかけたのです。彼らは、幕府公認の株仲間商人となることで特定商品の仕入れ、販売の独占権を幕府から保障してもらい、その見返りとして、幕府に租税の一種である冥加金《みょうがきん》を上納しました。また田沼は日本の北方(蝦夷地以北)の産物開発などにも強い関心をしめしていました。

国家は税収がなければ成立しません。しかし社会や経済は生き物で、どんどん変化します。税制が古いままでは、体形が変化するのに服を変えないのと同じでおかしなことになります。社会経済の変化にあわせて税制を変えていける国家は生きのびますが、新税制を作るのは既得権がからんでむずかしいものです。しかし、田沼はこれに手を出しました。

この田沼の財政策により、幕府財政は好転へと向かうかにみえました。しかし、やがて天明年間に入ると、天候不順が続き、各地で凶作が続くようになります。商業に興味がむき、農村への救済策が不十分な田沼の政策は裏目に出て、疲弊した農村を捨てて都市へ流れこむ人口が急増。その結果、農村は荒廃の一途を辿るという深刻な事態を招いてしまうのです。

前近代の政治は「財政あって福祉なし」

翻って考えてみますと、将軍吉宗にしても田沼にしても、その施策の根本は、幕府の財政難をいかに解決するかということでした。極論すれば、幕府の金蔵を満たすことが、彼らの目標だったといっても差し支えないでしょう。新田開発も商業・流通への注目も、その目的はあくまでも幕府財政を好転させることであり、領民福祉の実現が最終目的ではありませんでした。方法こそ違えども、幕府財政の増収を目的にする点では、吉宗も田沼も同じでした。

現代政治においても、財政再建、財政の健全化は往々にして大きな政治課題・目標に位置付けられます。しかし、それが自己目的化してしまうと、本末転倒になります。現代の国家における政治や税制の目的は長い目でみた国民福祉の実現にあります。現代国家は税金で食べている人たちのものではありません。社会経済の変化にあわせて税制を変えながら、持続可能な福祉を国民全体に提供しつづけるのが現代国家の仕事です。しかし、これは賢明な国民と賢明な政府でなければ実現できません。われわれが江戸時代を学ばなければならない理由もここにあるのではないでしょうか。日本人は過去にどのような「公」を経験してきたのか、まずそれを知ってから現在を考えたいものです。

では、持続可能な国民福祉という思想の芽生えは、江戸時代にあったのでしょうか。実は、ようやく、このころ不完全ながら世を経綸《けいりん》し、人民を救うという「経世済民《けいせいさいみん》」の思想にもとづいた行政が生まれようとしていました。財政を健全化することは大事だけれども、領民を生かす政策をとって初めて統治はうまくいくという思想が生まれてきていました。それまでの幕藩体制下における幕府のあり方は、まさに「財政あって福祉なし」。現代のように、税をとる代わりに対価として行政サービスを施すという考えは、当時の幕府にはありませんでした。

年貢というのは単なる「地代《ちだい》」であって、行政サービスと引き替えの「税」ではなかった。いわば大家さんである幕府や大名に、借り手の農民が家賃を払っているようなものだったと言えばわかりやすいでしょう。だから年貢をとるだけとっても何の反対給付もしない。極端に言えば、飢饉になって民衆が飢えようが人口が減ろうが、たいしたケアもしない領主、する気がない領主も、たくさんいたわけです。

もちろん、儒教的な考え方の根本として、仁政という考え方はありました。君主や為政者は「仁」によって民を慈《いつく》しみ、民はそれを慕って心服するというものです。しかし、これはあくまでも為政者の心がまえの話でした。為政者に仁心がある場合には民に「お救い」とよばれる福祉が恩恵として与えられるのですが、為政者に仁心がなければまったく与えられません。民にとって福祉は当然の権利ではなく、もらえることもある恩恵でした。民は生まれながらにして福祉をうける権利をもっているという天賦《てんぷ》人権思想に基づく福祉ではなかったのです。

浅間山の噴火から天明の飢饉へ

こうした幕府のあり方に根本的な転換をもたらしたのが、天明三年（一七八三年）に起きた浅間山の大噴火です。当時は田沼時代の末期で、天候不順による凶作が各地で頻発し、関東では春先から雨がちの天気が続いて六月になっても冬物の衣類を着て過ごすほどだったと言われます。

この年の四月九日（新暦では五月九日）、激しい鳴動とともに浅間山の噴火が始まりました。噴火は六月下旬になって激しさを増し、ついに七月八日、大音響とともに大爆発に至ります。火煙が空高く噴き上げ、溶岩流は大量の土石を巻き込んで雪崩《なだれ》のように北方面に押し出し、泥流が麓《ふもと》の村々を飲み込んで吾妻川《あがつまがわ》へとなだれこみました。吾妻川の流れは大量の土砂・岩石によっていったん堰《せ》き止められますが、やがてそれが決壊して土石流となり、現在の群馬県渋川市にあたる利根川との合流点で利根川に流入し、下流一帯に大規模な洪水被害を巻き起こしました。浅間山の北へ流れ出した火砕流は粉体流となって、鎌原村（群馬県嬬恋《つまごい》村）を覆いつくします。

現在も見られる鬼押出《おにおしだ》しは、最後に噴き出した粘性の強い溶岩流が固まったものです。土石流によって埋没した鎌原村では、四百七十七人（四百六十六人とも）の死者が出たとされていて、現在では発掘により被害の様子が明らかになっています。

この大噴火の直接的な被害状況は、被災村数五十五、流死者千六百二十四人、流失家屋千百五十一戸、田畑泥入被害五千五十五石に及んだと推計されています（『群馬県史』）。しかし、その被害はより広域に及びました。火山灰は関東一円に降り注ぎ、遠く離れた江戸でも灰が三センチ積もりました。農作物や人家への被害も大きく、とくに噴煙は偏西風にのって東南東に流れたため、浅間山の南東方面の農作物への被害は甚大でした。

さらに、噴火の影響は関東地方に収まらず、東北地方にまで及びます。噴火によって吹き上げられた火山灰は成層圏に達し、太陽の照射を妨げることで気温の低下を招き、各地に冷害をもたらしました。

最悪なのは、よりによってこの年、オホーツク海高気圧から吹き付ける「やませ（冷たく湿った北東風）」による冷害が東北地方を襲ったことでした。「天明の飢饉」と呼ばれる、空前ともいうべき大惨事はこうして起こってしまったのです。

天明の飢饉は、天明年間における諸国の凶作と飢饉を総称することが一般的ですが、狭義では、天明三年秋の冷害による大凶作を発端とし、翌年にかけて大量の餓死者を出してしまった東北地方を中心とする飢饉のことを指します。

『解体新書』の著者として知られる蘭学医の杉田玄白は、このころ起きた天変地異・天災を『後見草《のちみぐさ》』という見聞記に記しています。これによれば、飢饉の被害はとくに北東北の南部・津軽地方で甚大で、毎日多くの「流民」が発生し、他領に逃亡したといいます。しかし、逃亡先でも流民に食料を与える余裕はなく、毎日一千人から二千人もの流民が餓死に追い込まれ、さらには村に残った者たちも食料難に陥って人肉食さえ見られたことが記されています。

青森県八戸市の対泉院には、飢饉の犠牲者の供養のために建てられた「餓死万霊等供養塔」が残っています。飢饉を経験した村には、餓死者を供養する供養塔が数多く建てられましたが、この塔もそのひとつです。その碑文には飢饉の惨状が刻み付けられています。

四月十一日の朝に雷が強く鳴って、やませが吹き、大雨が降ってから、八月晦日の暮れまで雨が降り、九月一日、しばらくぶりで晴れた。夏の間、ずっと綿入れを重ねて着なければならないほど寒かった。このため、田や畑の作物が実らず、青立ちのままだった。人々は毎日、山へ登り、わらびの根を掘り、海草や山草はもちろん、イネなどのさまざまな茎を粉にして食べたりした。（中略）翌年になると、領内すべてで収穫がなく、はやり病が流行し、多くの人が餓死し、死人が山のようであった。城下や村々では、毎日のように火事があり、押し込み強盗などが多くなった。しかし、新井田村（この碑の所在地）では出火はなかった。領内の総人数六万五千人あまりのうち、三万人あまりが死んだ。（中略）家は二百七十二軒のうち、百三十六軒がつぶれた。これまでにないことである。これからは米や穀物などを貯えておきなさい。

注目していただきたいのは、碑文の末尾に記された、米や穀物を貯蔵しておけという、後世への教訓とでもいうべき文言です。どうしようもない天災を前にして、お上は何もしてくれない、自分たちで何とかするしかない――。人びとはそうした思いを抱いていたのでしょう。

飢饉が明らかにした政治の矛盾と限界

江戸時代の三大飢饉といえば、「享保の飢饉」「天明の飢饉」「天保の飢饉」をさしますが、なかでもこの天明の飢饉は、被害の大きさ、そして社会的・政治的な影響力からいっても、最大の飢饉だったといっていいでしょう。

享保以降、幕府は六年ごとに全国の武家人口を除く人口調査を行っていましたが、その記録によれば、天明の飢饉前の安永九年（一七八〇年）と、飢饉後の天明六年（一七八六年）の人口を比較してみると、実に九十二万人余もの人口減少が起きていることがわかります。そして、その六年後の寛政四年（一七九二年）には、さらに十九万人余の減少が見られます。このことから、天明の飢饉の死者は、全国で百万人以上に上るとの推計がなされています。

また、八戸藩の飢饉記録としてよく知られる『天明卯辰簗《てんめいうたてやな》』という史料には、神代の昔はいざ知らず、人王の時代になって以降、これほどの「大変」があったとは考えにくい。寿永（源平合戦）・承久（承久の乱）・建武延元（南北朝の戦乱）の中世の兵乱の死者といえども、このたびの飢饉の餓死に比べれば「大海の一滴」にすぎない――との記述があります。

まさに未曽有の飢饉であり、最悪の天災であったその影響は、農村部だけでなく都市にも現れました。凶作により米価が高騰し、都市は慢性的な米不足に悩まされるようになります。こうした状況下では、米の買い占めを行う商人も出てきます。米不足に苦しむ庶民の不満は、頂点に達しました。

天明七年（一七八七年）五月二十日、江戸六間堀町の裏長屋に住む職人ら八人が、米穀商に押しかけて施米《せまい》（米の施し）を要求しましたが、らちが明かずにとうとう屋敷に踏み込んで商品や家財を打ちこわす騒ぎを起こしました。彼らは物品を奪うことはなかったのですが、この騒動は江戸市中に広がり、二十四日までに江戸市中全域で昼夜の別なく打ちこわしが起こるという大騒擾《そうじょう》事件へと発展します。

実はこの五月には、江戸以外でも、大坂をはじめ全国の主要都市で同時多発的に打ちこわしが起きていました。右の江戸の打ちこわし事件も、こうした都市民の蜂起《ほうき》を背景として起こったものですが、事件当初、幕府は何ら効果的な対策を講じることができず、一時的に江戸の町は無警察状態に陥ります。町奉行が与力・同心を率いて鎮圧しようとしましたが、蜂起民の勢いに押されて引き返さざるを得なかったといいます。二十四日になってようやく火付盗賊改方の長谷川平蔵ら御先手組による市中巡察が開始され、騒動は沈静化に向かいました。

こうした不穏な空気のもと、政治的な変動も勃発《ぼっぱつ》しました。まず、江戸の打ちこわしが起こる三年前の天明四年、若年寄の座にあった田沼意次の子意知《おきとも》が江戸城中で斬りつけられ、その傷がもとで死亡するという事件が起きます。そこに天明の飢饉をはじめとする天災や飢饉により社会不安が高まり、幕府政治を握り続けてきた田沼に対する反発や、賄賂政治に対する批判が強まっていきます。そして天明六年八月、将軍家治が病没すると、反田沼派を形成していた譜代大名層は田沼に将軍毒殺の噂を立て、田沼は老中解任に追い込まれてしまいます。

さらにその後、田沼派の幕閣は抵抗を続けますが、田沼に替わる政治指導者として、御三卿田安《たやす》家の出身で奥州白河藩主の松平定信を押し立てようと図る反田沼派の動きが活発化し、そこに起きたのが、江戸の打ちこわしでした。江戸を大混乱に陥れた騒動を背景に、反田沼派はこの民衆蜂起は田沼派の失政によるものであると圧力をかけた結果、田沼派の三人の御側申次役《おそばもうしつぎやく》は次々に解任。ここに老中就任から十五年にわたる田沼時代は、ついに終焉《しゅうえん》を迎えることになったのです。

こうして政治にも影響を及ぼした天明の飢饉でしたが、思えば江戸時代というのは常に飢饉との戦いであり、飢饉による打撃からいかに立ち直るかという繰り返しの時代でもありました。飢饉―一揆―打ちこわしという一連の連鎖をどう止めるかが大きな課題だったのですが、それはきわめて難しいことでした。

なぜなら、その背景にあるのは、米中心の農業構造です。当時の日本は小さな島国に三千万の人口を養う、高度に発達した米作社会でした。国土の約七割が山である日本では、大規模農業経営はそもそも少なく、限られた農地を精一杯使って生産される農作物に国民経済が依存していました。そのうえ、いわゆる「鎖国」のせいで、海外からの食料の大量輸入もなされていませんでした。

つまり、日本の農業というのは、百姓たちの創意工夫で成り立っている奇跡的な農業でした。したがって、いったん大規模な自然災害が起きれば農業は大打撃を受け、たちまち国民の経済生活は危機に瀕することになってしまう。当時の日本経済は、災害に最も弱い経済体制だったとも言えるのです。

その脆弱な社会構造に、浅間山噴火と冷害という気候変動が直撃したことから、天明の飢饉は起こってしまいました。しかし、支配層も民衆も、この危機からいくつかの教訓を学びとっていきます。その一つは、米に依存しすぎる経済体制には限界があるという教訓です。田沼は財政面からそれを悟り商品経済重視に転じたのでしたが、逆に農村の疲弊に手が打てない結果につながってしまったことは皮肉としか言いようがありません。

そしてもう一つは、これまでのように民に対して何の手当も施さない政治だと、飢饉—一揆—打ちこわしという連鎖を止められず、社会が安定しないという教訓でした。民を生かしてこそ、年貢収納率も上がるし、政情も安定するという「民富論」的な考え方の必要性を、江戸時代の為政者側が、この大飢饉によって身にしみて感じたのです。

名代官の時代

さて、田沼意次が退いた後、老中首座に就いたのは、反田沼派の輿望《よぼう》を担って登場した白河藩主の松平定信でした。定信はこれまでの収奪一辺倒だった政策を改め、民を救うための政治へと改革を断行します。江戸の騒動をきっかけに誕生した政権は、まさに「打ちこわしが生んだ政権」だったと指摘されていますが、定信が天明の打ちこわしとその原因である飢饉に深刻な危機感を抱いたのは当然のことでした。定信は、まず飢饉対策に取り組み、都市・農村を問わず、凶作や自然災害に備えて米や金銭を蓄えるという、いわゆる備荒貯蓄政策を推進します。

東京都葛飾区内の区立堀切小学校に、定信の民政改革の証拠を示す「郷蔵《ごうぐら》」という貯蔵庫が残っています。定信は老中首座となった翌天明八年（一七八八年）四月、自らの政治論をまとめた『政語』を執筆していますが、そこでは、現実の政治的課題を十三ヵ条（十三則）かかげて、儒教の教えや中国の歴史・故事を引きながら説き明かしています。

その第七則「財用の道を論ず」、第八則「儲積《ちよせき》を備うる事を論ず」、第九則「広く儲積を設ける事を論ず」において、定信は凶作などの国家的な非常事態に備えて食料を備蓄しておくことの重要性とその具体策を、中国の歴史から引いて論じます。第八則では中国の儒学の古典である『礼記《らいき》』から、次の文章を引用します。

国に九年の蓄え無くば不足なりと曰う、六年の蓄え無くば急なりと曰う、三年の蓄え無くば国その国に非ずと曰う

国家に九年分の蓄えがなければ不十分だ。六年分の蓄えがなければ危険な事態が切迫している。そして、三年分の蓄えがなければ、もはや国家としての体を成していない。国家とは言えない、ということです。

定信はこの言葉通り、寛政元年（一七八九年）一月、幕領の農村に郷蔵の設置と穀物の貯蔵を命じる触書を発します。さらに、九月には全国の大名に対しても囲籾令《かこいもみれい》を出し、寛政二年から五年間、一万石につき五十石の割合で領国内に籾を

寛政元（1789）年、幕領の農村に穀物を貯蔵するための郷蔵の設置を命じ、全国の大名に籾の備蓄を命じる囲籾令を出した。
（写真は東京都葛飾区に残る郷蔵）

備蓄するよう命じました。こうして蓄えられた穀物や金銭は、それを基金として困窮者への貸し付けが行われたり、凶作時には放出されたりするという仕組みになっていました。

定信はさらに、各地にいる代官の一新という思い切った改革に打って出ます。荒廃した農村を立て直すには、年貢の徴収などの行政を司り、農村で人びとと直に接する代官の職こそが重要だと考えたのです。寛政十二年（一八〇〇年）

の段階で幕府代官は五十八人いましたが、天明七年から寛政六年の八年間に、世襲の代官二人を含めて四十四人が新たに任命されています。それまで代官職は世襲が慣例となっていたところに、禄高や地位にとらわれず有能な人材を次々に登用しました。御目見《おめみえ》以下の御家人や代官所の手代、儒者からも代官に任命されたと言われています。

そうした新規代官の一人が、陸奥国塙《はなわ》代官の寺西封元《たかもと》です。寺西は寛政四年（一七九二年）に代官として陸奥国の塙（福島県東白川郡塙町）に赴任。塙領六万石と常陸小名浜《おなはま》領三万石を管轄し、文化十一年（一八一四年）からは陸奥桑折《こおり》領三万石も加わり、文政十年（一八二七年）に亡くなるまで代官を務めました。在職期間は実に三十六年。それ以前の塙代官の平均在職期間は二年十ヵ月（三年六ヵ月の説も）ですから、当時としては異例の長さだったことがわかります。

寺西はこの地に赴任するとすぐ農村をくまなく巡回し、その荒廃ぶりを目にします。そして、ただちに農村・山村の復興へと乗り出しました。寺西は、橋の修築や護岸工事などの土木行政を推進します。こうした施策は社会資本の整備を進めるとともに、雇用を生みだす効果もありました。あるとき、寺西は村人たちに、公園づくりを命じます。その公園は現在、塙町の中心にある向ヶ岡公園です。庶民の遊楽の地として造成されたものでしたが、寺西はその工事によって飢饉で苦しむ周辺住民に仕事を与え、生活を支えようとしたわけです。公共事業には、貧民救済の目的もあったのです。

　また寺西は、思いのほか農村に子供の姿が少ないことに目を留めます。当時、貧しいこの地域では、生まれた子供を間引きする習慣が蔓延していました。農村の復興のためには人口の増加を図ることが不可欠だと考えた寺西は、間引きを止めさせるために「小児養育金制度」を創設します。具体的には、子供が生まれた家には養育料として一～二両を支給し、さらに困窮者には籾二俵を支給するなど、貧しい家でも子を養育できるようにしたのです。

　そのほかにも、労働人口を増やし地域活性化を図るために他国からの住民移住を奨励したり、領内各地で心学講和会を開いて農村の教化に努めたりするなど、寺西の民政は多岐にわたり、その成果は近隣の諸藩からも注目を集めるようになります。寺西本人も、民衆からの尊崇《そんすう》を集めるようになりました。文政十年二月十八日に寺西は七十九歳にして他界しますが、その知らせが領内に伝わると、村人たちは慟哭《どうこく》し、父母の死に遭ったかのように別れを惜しんだといいます。

その遺徳をしのび、領内各地には寺西を祭神とする寺西神社や寺西大明神が建立され、顕彰碑、頌徳碑《しょうとく》も建てられました。また、子供の養育にも力を尽くしたことから子育ての神と称えられたため、今も残る塙町の代官所跡には、寺西を偲《しの》んで「子育て地蔵尊」が祀られています。地域の婦人たちは毎月ここに集い、子育て祈願に訪れる人に寺西の教えを説いています。子供を大事にすることで荒廃した地域を立て直すという寺西の発想は、近代以降の人権思想にも通じるものと言えます。

寺西のように、民政を重んじる代官はこの時期、各地に現れました。代官の民政をたたえた記念碑や顕彰碑、さらには生前から代官を神としてまつる生祠《せいし》は全国で九十一ヵ所にのぼり、そのうち江戸時代に建てられたものは七十六ヵ所を数えます。対象となった代官は四十三名に達します。

彼らは、その善政や行政手腕によって民衆の支持を集めた、いわゆる「名代官」でした。こうした名代官の存在に象徴される、人びとの生命と生活を重視する善政が行われることで、未曽有の天災や飢饉によって疲弊した江戸時代の社会は危機を脱し、農村の復興へとつながっていったのです。水戸黄門などのテレビドラマによって「代官」といえば今ではすっかり悪人ですが、江戸時代のとくに後半以降、この国の行政を現場で支えていたのは、彼ら代官たちと、村の庄屋の努力でした。幕府でも藩でも郡奉行や代官には、武士のなかから、学問のあるそれなりの人物をつけることになっており、彼らは悪人どころか、むしろ能力の高いエリートも多かったことを申しそえておきます。

幕藩体制の転換

天明の飢饉をきっかけとした国家的な危機を経験したことで、幕藩体制は単なる軍事政権ではなく、不完全とはいえ、福祉行政の機能をもった政府へと転換していきました。幕藩体制は、それまでの「軍事政権」から「民政重視の政府」へとシフトしていったのです。

諸藩でもこの時期、幕府に連動してさまざまな「藩政改革」が行われています。たとえば水戸藩や津山藩では、飢饉への備えとして備荒倉を村々に設置したり、赤子養育金を支給したり、懐妊書き上げ帳に妊婦を登録して手厚く保護するなど、農村の人口維持に努めています。

「民政」という視点に立つと、民を支配する側の武士も、従来通りの役目では務まらなくなってきます。領民を住民台帳に登録し、今日でいう生活保護手当を配って歩くなどのきめ細かい行政サービスを行うには、ただ威張っているだけの武士では務まりません。民政重視によって、武士は有能な官僚であることが求められるようになっていったのです。それは、現代につながる官僚国家日本の芽生えとも言えるのではないでしょうか。

かつて私は、『武士の家計簿』という本で、金沢藩の御算用者という経済官僚の実態を明らかにしましたが、そこに描かれた武士の姿——役人として実直に役目をこなし、「御家」のために立ち働く姿——は、本章で取り上げた「時代のターニングポイント」を経て、生まれてきたものなのです。松平定信が政権にあったこの時期、幕府でも各藩でも「学問所」や「藩校」での教育に力を入れ始めています。家柄ではなく成績次第で出世の道を開き、有能な官僚をどんどん育成することが、藩の将来、そして民のためになるという考えが生まれてきたからだと思います。

松平定信や、その方針によって各地で民政に取り組んだ代官たちの施政によって、疲弊した農村は復興をめざしはじめました。一方、都市においては、農村からの流入人口が都市のさらなる拡大を導きます。そして、そうした新たな都市民が需要を掘り起こすことで、外食産業などの都市特有の産業が発達していきます。江戸後期、農村と都市の双方で民需主導の経済が大きく拡大したのは事実です。それが江戸後期の爛熟した文化の形成を準備したといえるかもしれません。

しかしここに至るまでに、江戸時代はすでに安定した農村社会という基盤を築き上げていました。豊かな農村社会があったからこそ、未曽有の危機による政治思想や社会構造の転換が起こりえたわけです。

では、江戸時代の根幹をなすところの農村社会は、いつどのようにして築かれていったのでしょうか。次章では、さらに時代を江戸前期にさかのぼり、その過程を見つめ直してみます。

第3章

宝永地震　成熟社会への転換

１７０７年（宝永４年）

ターニングポイント③

1707｜宝永の地震・津波
富士山噴火

1716｜徳川吉宗、将軍となる

1717｜大岡忠相を江戸町奉行
に登用

1722｜上米制、新田開発を
奨励する

1742｜公事方御定書の完成

第2章では、天明の大飢饉という未曽有の危機を経験した幕府や諸藩が、それまでの純粋に軍事政権的な性格を変質させ、「民を守る」という政治意識を醸成《じょうせい》して、福祉を国家あるいは政府の役割として認識していったことに注目しました。それは「民政」を重んじる政治への転換と言えるでしょう。江戸時代二百六十年の平和と安定社会は、こうした社会の変質・変革を通じて達成されたという事情をおわかりいただけたかと思います。

では、その大前提として、江戸時代の社会基盤を形づくっていた安定した農村社会は、どのようにして築かれていったのかを本章では取り上げてみたいと思います。

時代のターニングポイントとして注目したいのは、宝永四年（一七〇七年）に起きた宝永地震と、その地震がもたらした巨大津波です。二〇一一年三月、東日本大震災によって東北・北関東は人類史的な大被害を受けましたが、実はこの宝永地震は、江戸時代最大の地震であり、東日本大震災が起きるまでは、日本史上最大級の大災害でした。地震の揺れだけでなく、沿岸部を襲った津波が甚大な被害をもたらしたということでもこの二つの大地震は共通しています。

宝永地震の実情については後ほど触れますが、まずは、そこにいたる時代状況について言及してみたいと思います。

新田開発へと雪崩を打つ

江戸時代の前期、幕府や諸藩の領主は積極的に新田開発に取り組み、東北から九州にかけて急速に水田が広がっていきました。現在私たちが目にする田んぼを中心とした農村の景観は、このころの大規模な列島開発によって生み出されたものです。徳川五代将軍綱吉が治めた元禄期、各地から米が流れ込む都市大坂は繁栄の頂点を極めていました。全国の大名は、領地からとれる年貢米を次々と大坂の蔵屋敷へ送りました。その米は大坂の米市場で換金され、諸藩の財政資金とされたのです。

このころ、米の増産に力を傾ける大名たちが行ったのが新田開発です。諸大名だけでなく、町人や土豪的農民も全国各地で積極的に新田開発に取り組みます。数百町歩（一町歩は約一ヘクタール）から数千町歩におよぶ大規模開発も珍しくありませんでした。その結果、日本全国の田畑の面積は江戸時代初め、すなわち十七世紀初頭にはおよそ二百万町歩だったのが、十八世紀初めには三百万町歩へと、百年の間に約一・五倍に増えたと推計されています。

そして、その耕地面積の拡大は、人口の増加にもつながります。江戸時代初めには約一千五百万人だった日本の総人口は、元禄期にはおよそ三千万人に達していました。耕地拡大と人口増加によって経済は急拡大し、元禄期は空前の高度成長時代を迎えたのです。

なぜ、それほどまでに米が重要だったのでしょうか。それは、米が当時の社会の根幹を成すものだったからです。幕府や藩の領主は年貢米を徴収すると、藩内で必要な分を差し引いて残りは大坂へ送って市場で貨幣に替えます。農民たちにとってもそれは同じで、このころは商品経済が浸透しているので、日用品一つを買うにも、米を貨幣に替える必要がありました。当時は経済、社会のすべてが米中心に回っている世の中だったのです。

また同時に、新田開発による大増産で米は最大の商品作物となり、農村から都市部に大量に運ばれるようになりました。もちろん、急成長する大都市の人口を支える食料とするためです。都市住民の主食が米となったのは、こうした大増産が実現したからですが、その大量消費される米を確保するためにさらに新田開発ラッシュが起きるというスパイラルが起こります。領主たちにとって、新田はまさに「金のなる木」でした。

このような開発ラッシュが可能となったのは、幕府の長期政権ができたことで、平和で安定した社会になったからにほかなりません。しかし、その背景には、新田開発をしないと領主たちが豊かになれなかったという事情もあります。戦国時代から江戸時代初期の、大名たちが群雄割拠《ぐんゆうかっきょ》している時代には、領主たちは戦《いくさ》によって外へ外へと領地の拡大を図ることができました。

ところが、戦乱が終わって徳川の世となり秩序がもたらされると、もはや武功による領地の拡大は不可能になります。そうなると領主たちは、自らの領地内で生産性を上げ、実質的な領地の拡大を図るほかはなくなってしまいます。彼らは低湿地や原野を新田に変え、年貢の増収を図らざるを得なかったのです。

さらには、参勤交代にかかる費用や幕府への御手伝普請などで、諸藩の財政は一様に厳しいものでした。こうした出費は、大名として格式を守るための身分費用というべきコストと言えます。これは以前に『武士の家計簿』のなかで指摘したところですが、武士が武士たらんとするため、つまり武士としての「体面」も保つためには、身分・格式に応じたコストがかかります。それは衣食住のすべてにかかわってきます。とくに領主階級＝大名の場合は、幕府によって参勤交代や御手伝普請を「義務」と規定されたわけですから、その出費は膨大なものです。石高でもって収入を規定される武家が収入を増やすには、新田を開発して石高を増やすしか方法がありません。諸藩の領主たちは、どんどん新田開発をして財政の支えとするしか道がなかったのです。それで自然を猛烈に改造開発していったのが、十七世紀の日本でした。この時期までは環境破壊社会・江戸といってよいものでした。

上道郡沖新田の干拓事業

岡山市の児島湾《こじまわん》沿岸部に広がる大きな農地、沖新田《おきしんでん》もそうした新規開発によって生まれた新田の一つです。十七世紀の終わりの元禄四年（一六九一年）、岡山藩主池田綱政《つなまさ》は、財政基盤を強化するために大規模な新田開発を計画しました。岡山藩は、藩祖である池田輝政《てるまさ》の時代に、姫路五十二万石を領していましたが、その子利隆《としたか》の時代に四十二万石に減らされています。

さらにその子光政《みつまさ》が三代藩主となった際、光政が幼少であったことから、姫路のような大藩の藩主となるには任が重すぎるとして、池田家は鳥取三十二万石に国替え、また後年には岡山に国替えとなり、石高は三十一万五千石とされました。

石高は五十二万石から大幅に減額となりましたが、その分、藩士を大量にクビにするわけにもいかず、藩の体制も五十二万石のままでしたので、藩財政の逼迫は必然的だったのです。

実はこの沖新田の農地は、江戸時代に海を干拓してつくられた、当時国内最大規模の新田でした。海の干拓によってつくり上げた新田の大きさは約千九百ヘクタールで、南北四キロ、東西五キロにも及びます。ここには、周辺の農村から多くの人びとが移り住み、新たな村を築きました。

児島湾ではすでに、戦国時代末期に農地用の干拓が始まっていました。児島湾の干拓を最初に行ったのは、戦国時代の岡山城主宇喜多《うきた》秀家《ひでいえ》です。宇喜多は天正十年（一五八二年）に豊臣秀吉が備中高松城を水攻めにする際に築いた堤防の技術を学び、海の干拓に転用して、「宇喜多堤」と呼ばれる堤防を築き、干潟を干拓したとされています。全国各地の領主たちは、築城が盛んだった戦国時代に培われた土木技術をベースに、それまで開発不可能だった沖積《ちゆうせき》平野や湖沼、干潟などをどんどん耕地化していきました。

干拓とは文字通り「干して拓く」という意味で、遠浅の干潟に堤防を築いて水面と陸地を仕切り、なかの水を徐々に排水して陸地化する技術です。元禄四年に、藩主池田綱政よりこの事業を命じられたのは、津田永忠《ながただ》という岡山藩士でした。津田はすでに先代光政の時代から新田開発に携わってきた技術官僚で、倉田新田や幸島新田の開発でも実績をあげていました。

翌五年に津田が工事を指揮して築いた海水を堰き止める潮止め堤防は、全長六千五百十八間（約十一・九キロ）に及ぶ長大なものでした。堤防の築造工事にかかわった作業人員はのべで百三万八千八百六十七人、要した費用は米にして二万六百七十九石二斗七升九合、銀にして九百六十四貫八百十七匁《もんめ》六分五厘と、詳細に記録されています。

この堤防は、現在は高さ・幅ともに拡張し、ほとんどがコンクリートやアスファルトで固められていますが、今も昔の名残《なごり》をとどめています。沖合の鳩島を真南に見る堤防の内陸側に、「左源太塚」と呼ばれる一画があります。左源太とは津田永忠の通称で、このエリアには津田の功績を讃える「沖新田慕徳懐恩碑」などの石碑が立ち並んでいます。一画の入り口には石柱が対になって建っています。柱に刻まれた銘によれば、この柱はもともと津田らによる干拓事業以来、長く使用されていた排水のための水門（樋門）の名残で、明治三十九年（一九〇六年）にこの地に移築されて、津田を顕彰する石碑の注連柱《しめばしら》としたのだと言われています。この石柱には、今も水門の間仕切り用の板（樋板）を落とすための溝が残っています。

児島湾の開発は、元禄時代にピークに達しました。当時の国絵図には、海が次々に干拓され新田に変わっていく様子が描かれています。元禄五年に完成した沖新田には、周辺の村落からおよそ九百軒、五千五百人が入植しています。新田誕生から二年後の元禄七年には、早くも二百石の米の収穫がありましたが、こうした新田開発が、窮乏する岡山藩の財政を支えたのです。沖新田の干拓事業は、日本における大規模干拓の先駆けとして高く評価され、地元では郷土学習の一環として学童にも語り継がれています。

もっとも、こうした新田開発は岡山藩だけではありませんでした。寛文十年（一六七〇年）から同十一年にかけて、下総国（千葉県）にあった椿海《つばきのうみ》という大きな湖が徳川幕府の資金援助によって干拓され、広大な新田に生まれ変わりました。干拓工事には、のべ八万人が動員されました。また当時、水田耕作の北限とされていた津軽地方の岩木川流域でも、大規模な新田農村が出現しています。

大地震と津波の甚大な被害

さて、大規模な新田開発を背景に右肩上がりの経済成長を続けた江戸時代の社会ですが、この後、国を大きく揺るがす出来事が起こります。

宝永四年十月四日（新暦では一七〇七年十月二十八日）に起きた、宝永地震です。この日の午後二時頃、大規模な地震発生帯として知られる南海トラフ（遠州灘沖と紀伊半島から四国沖にかけての浅い海底の溝）を震源地とする巨大地震が発生しました。マグニチュード八・六前後と推定されていましたが、マグニチュード九とされている東日本大震災との最新の比較研究によって、宝永地震の規模はマグニチュード九・一～九・三の大きさだったとする見解も出されています。

この巨大地震はまた日本を襲うはずで、その時期やエネルギーを考える場合には、震源域のとくに両端、静岡県と愛媛・宮崎県に残った地震史料が特に重要になります。国民の命のかかっている話ですから、微力ながら、私もライフワークとしてこの地震古文書調査をしていくつもりです。地震に関する古文書があれば是非情報をお寄せ下さい。

いずれにせよ、この日本史上最大級の巨大地震によって、東海から西日本一帯にかけて激しい揺れが襲いました。東海・近畿・中部・四国の各地方で家屋の倒壊被害が著しく、北陸や山陽・山陰・九州にまで被害は及びました。当時、人口約三十六、七万の大都市に拡大していた大坂は、『浪速之震事』という史料によれば千六十一軒の家屋が倒壊し、五百六十四人の死者が出たことがわかります。

さらに地震発生直後に太平洋上で発生した津波は、間もなく紀伊半島や四国沿岸一帯に達し、壊滅的な被害をもたらしました。伊豆半島西岸も大きなダメージを被《こうむ》りました。伊豆下田では推定波高五〜七メートルの津波が来襲し、九百十二戸のうち八百五十七戸が流失、十一人が溺死したと記録されています。紀伊半島の東岸では推定波高五〜十メートルの津波が、徳島沿岸では五〜七メートルの津波が大きな被害をもたらしました。最も甚大な被害が記録されている高知沿岸では、地震による倒壊家屋は約五千戸、五〜八メートルの津波で約千二百戸の家屋が流失し、死者・行方不明者合わせて二千八百人を数えたといいます。

津波は、外海だけではなく、現在の大阪湾から瀬戸内海にかけての内海にも達しました。大阪湾へは、地震発生から約二時間後に津波が達しています。『地震海溢考』という史料によれば、大阪湾に侵入した津波は堀川を遡上《そじょう》して船や橋を押し流し、大坂での津波の死者は、約七千人に上ったといいます。地震そのものよりも、津波による被害が激しかったことは、先の東日本大震災とも共通しています。

太平洋に面する徳島県海陽町には、宝永津波の巨大さを示す痕跡が残っています。海を見下ろす小高い丘に建てられた浅川観音堂には、津波の犠牲者を供養するための地蔵尊が祀られており、その土台に刻まれた碑文は次のように伝えています。

大海より高さ九メートルの大津波が指し込み、カラウト坂の麓まで上がりすぐに引いた。（中略）家々は一軒も残らず海底に引き落とされ、老若男女百四十人余りが溺死した。

◉宝永地震——自然の脅威にさらされて

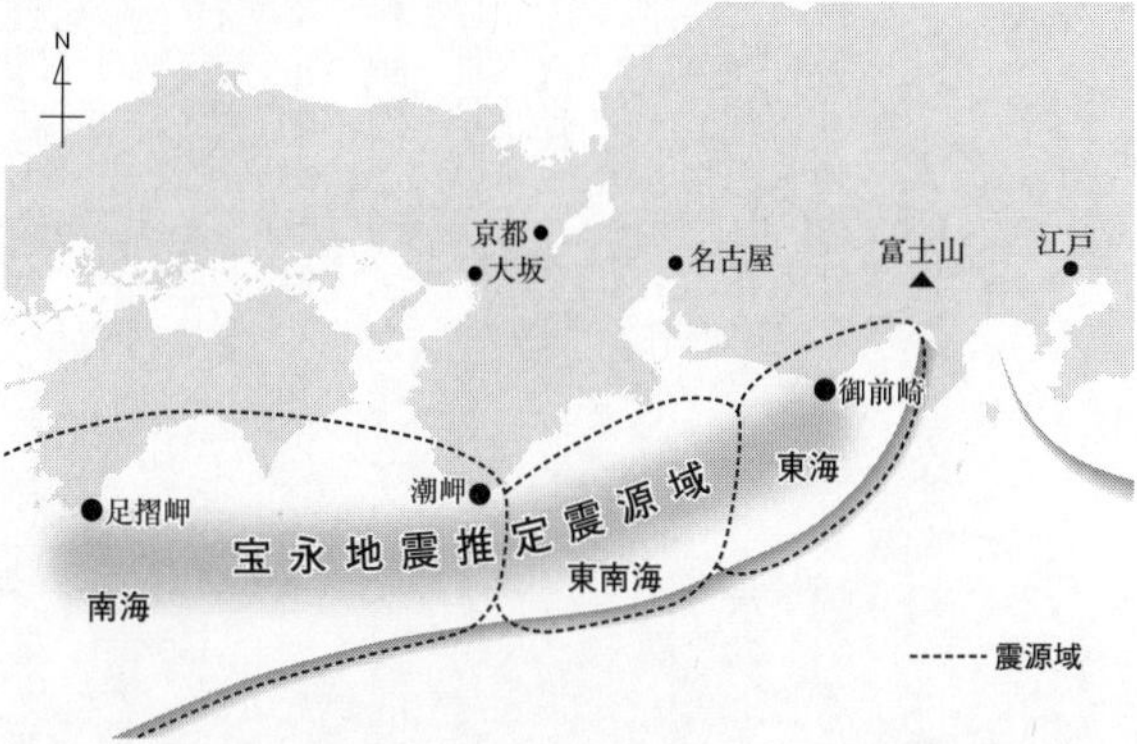

宝永4（1707）年、東海から西日本一帯にかけてが大地震に襲われた。地震発生直後に起こった津波は紀伊半島・四国沿岸に壊滅的な被害をもたらしただけでなく、大阪湾から瀬戸内海にかけての内海にも達した。

大干拓地・沖新田がある岡山市は瀬戸内海の内湾に位置しますが、この地にも津波は到達していました。昭和二十八～二十九年（一九五三～五四年）に編纂された『改訂邑久《おく》郡史』に収録されている神崎村の記録には、「常の潮より高きこと五尺」と、およそ一・五メートルの津波が観測されたことが記されています。

海面より土地が低い干拓地の新田にとって、潮位のわずかな高まりは大きな脅威でした。当時の記録によれば、地震は新田にも大きな影響を与えた様子がわかります。やはり『改訂邑久郡史』収録の『平島家日記』には、「大地震、新田を揺りめぎ、百姓ども迷惑」と、その様子が記録されています。

本企画の取材でお世話になった、沖新田の民俗資料を収集・展示する政田《まさだ》民俗資料館の管理員を務める安倉清博さんは、昭和二十一年（一九四六年）に起きた南海地震では、沖新田でかなり大きな建物の被害が出たことがわかるとおっしゃっていました。干拓地はいわばプリンの上に建物が建っているようなもので、宝永地震のときも相当な揺れが襲い、液状化のような被害が出たのではないか――と、推測されています。宝永の地震・津波のあと、干拓の限界が、後述するように一層はっきりしてきて、岡山藩では新田開発のペースが鈍くなりました。このとき江戸人は自然の力を前に、開発至上主義の恐ろしさを知ったのです。

環境破壊と自然のしっぺ返し

現在の研究では、宝永地震と巨大津波による全国の死者は少なくとも二万人以上にのぼり、地震による倒壊家屋は六万戸、津波による流失家屋は二万戸に達したとされています。有史以来、最悪の規模の震災だったことは間違いありません。死者・行方不明者あわせて約二万と推定されている東日本大震災で、私たちは地震と津波の恐ろしさを改めて痛感しました。当時の人びともまた、この宝永の地震と津波から計り知れない恐怖を感じたはずです。

翻って戦国時代以前の日本社会は、神や仏を信じ、自然に抱かれた未開社会でした。無力な人間は神仏をあがめ、自然のなすがままに生きるしかありませんでした。戦国時代を転換期として、ようやく人間は自らの力を信じて、自然に働きかける文明社会へと転換していったとされていますが、干拓により海を干し、治水事業で川の流れまで変えてしまう新田開発は、その典型と言えるものでしょう。江戸時代に入り、日本人は自然を大きくねじ伏せたのです。

江戸時代はよく、物質文明の極北に至った現代との比較で、自然と共生したエコな社会と言われますが、江戸前期の元禄ごろまではまったく逆で、環境と闘っていた社会でした。都市化が進んだことで木材の需要が高まり、それに応えるために山地では木材の乱伐が繰り返され、また焼畑農業による耕地拡大も、山林の荒廃を招いていきます。生活レベルの向上に伴い薪炭《しんたん》の需要が増え、さらに鉱業や塩業などの産業発展によって森林破壊が過度に進められていたのです。

そのため、当時からすでに乱開発のリスクが指摘されていました。実際に、水害や山崩れなど、無理な新田開発に伴うしっぺ返しの災害がたくさん起こります。山国である日本の河川は急な流れが特徴ですが、森林破壊は下流域にしばしば洪水を引き起こしました。そこで幕府は、早くも寛文六年（一六六六年）には「諸国山川掟」という法令を発し、川上や川筋での開発を制限して草木を育成し、川下の洪水被害を防ごうと試みていた。――と、まさにそこに直撃したのが宝永の地震と巨大津波という、人智では抗《あらが》いようのない絶対的な自然の脅威だったわけです。当時の人びとは、無理な開発が大きなリスクを伴うということを、深く思い知らされたことでしょう。

それはまさに、戦後の高度経済成長によって先進工業国の仲間入りを果たした日本が、その「成長」の裏で進行していた環境破壊や公害の発生によって、極端な物質文明が招く負の側面に気づかされたことを思い出させるものです。

実は、この宝永地震の四年前の元禄十六年（一七〇三年）、房総沖を震源地として相模トラフ沿いに、推定マグニチュード八・二の元禄地震が発生し、江戸や相模（神奈川県）をはじめとする関東地方に大きな被害をもたらしていました。さらには、宝永地震の四十九日後の十一月二十三日には、富士山が大噴火を起こし、山麓の村では多くの家屋が倒壊・焼失を免れず、火山灰は遠く房総半島まで降り積もりました。

こうした頻発する自然災害によって、おそらく、南北朝ごろから徐々にはじまり、江戸前期にピークをむかえた「人間が自然を支配する」という人類史的な流れは、ここでいったん頓挫《とんざ》することになります。開発と生産向上を続けてきた江戸社会は、大きな曲がり角を迎えたのです。

豊かな農村社会へ

では、そうした自然の猛威の象徴的な事例である宝永地震と津波は、その後の社会にどんな変化をもたらしたのでしょうか。戦国時代から幕末にかけての新田開発の件数を表した統計があります（木村礎『近世の新田村』吉川弘文館）。これによると、十七世紀はずっと右肩上がりで新田開発件数が伸びていますが、十八世紀に入ると、宝永地震のころ、明らかに新田開発が下降線をたどることがよくわかります。日本全国の耕地面積は十六世紀末には二百万町歩だったのが、十八世紀初めに三百万町歩、十九世紀後半には四百万町歩にまで増えていますが、十八世紀には明らかにその増加率は落ち、この時期は耕地拡大が停滞していたことがうかがえます。

耕地面積の増加が鈍ったことで、おのずと人口も減っていきます。歴史人口学の鬼頭宏氏の研究によれば、日本全体の人口は、十七世紀初めから十八世紀初めにかけて約二倍の急増を示していますが、十八世紀の前半から末には、逆に四・五パーセントの減少へ転じています（十八世紀末から十九世紀半ばには八・五パーセントの増加）。まさに現在と重なる、低成長時代の訪れといえるのではないでしょうか。それでは、低成長の時代を迎え、人びとの暮らしはどう変化していったのか。

この時代、北陸の地で村役人・篤農家として活躍した鹿野小四郎という人物がいます。鹿野は加賀国江沼《えぬま》郡吉崎村（加賀市）の貧農の家に生まれましたが、大《だい》聖寺《しょうじ》藩より大庄屋に抜擢《ばってき》されました。鹿野は晩年の宝永六年（一七〇九年）に、子孫に向けて農書（農業指導書）の『農事遺書』全五巻を著しました。当時の北陸における農業の実態を伝える貴重な史料ですが、そこには「田の耕起は早くしない方がよい。とくに雪解けが遅かった年はまことによくない」といったかたちで、田の耕し方、肥料の施し方、病害虫の対処法、稲の刈り方など、自らの実験に基づく科学的な農業の心得が記されています。

たえず年貢の増加を意図する領主に対し、当時の人びとは自らの取り分を確保するために生産量を上げる努力が求められました。鹿野小四郎は、農業には限りがないことを説き、次のように記しています。

「まさに農の益は計り知れない。物にはすべて限りがある、しかし農業は土地か

◉新田開発に歯止め——自然との共存

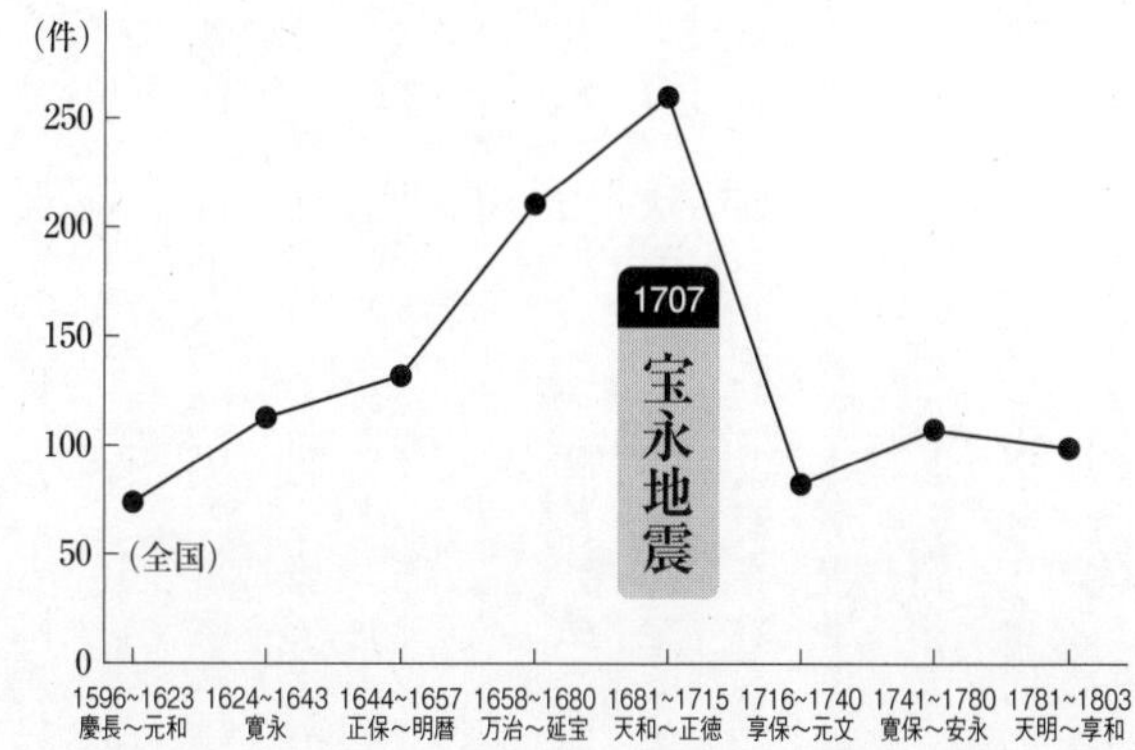

江戸時代初期から右肩上がりに急上昇を続けていた新田開発の件数が、宝永地震のころを境に激減する。耕地面積という点においては、あきらかに低成長の時代に入った。

ら物を生み出すものであり、やり方によって限りがない」（『農事遺書』）

十八世紀以降、人びとは農業の効率を求め、全国で多くの農書が普及していきました。さらに農民たちは農書に学ぶだけでなく、農具の改良にも力を注いでいきます。農書や農具の改良、二毛作の工夫など、農民たちの努力の結果、単位面積あたりの生産量は増加に転じます。十七世紀の段階では一反あたり一石ほどだった米の収穫高は、十八世紀以降、最大で二石にまで増加しました。

そして、農書の普及とともに農村に浸透していったのが「読み書き」の能力です。人びとは農書を読む力をつけるために寺子屋に通い、読み書きを学びました。江戸時代、日本人の庶民の識字率は世界でも突出したものだったことが知られています。教育の普及と識字率の上昇は、人びとの暮らしに変化をもたらしました。各地では、地域のつながりである「講」が相互扶助や自治機能を高めていきます。

宝暦十二年（一七六二年）に、出羽国村山郡の村人たちが作成した「念仏契約講年代鑑」という記録帳簿が残されています。そこには、天候、作柄、市場、災害、一揆、政治、対外関係に至るまで、人びとの生活にかかわるあらゆる情報が記録され、村人の間で共有されていたことがわかっています。十八世紀以降、日本各地の農村では、情報が収集・蓄積され、共有化されることで、村の自治力が高まり、人びとの暮らしの質を充実させていく傾向が見られました。

低成長時代を迎えて以降、幕府の政治だけでなく、人びとの暮らしも大きく変わっていきました。この時代、領主の所領と同じく、耕地もまた横へ横へと面積を広げることがこれ以上望めなくなってきたため、その代わりに、小面積の農地でより多くのものを生み出すための努力へと、人びとは発想を転換していくのです。科学的な農法を学び、農具を改良し、二毛作を行い、あらゆる努力をして生産性を高め、自分の取り分を増やそうとした。限られた土地資源とマンパワーのなかで、まさに創意工夫によって豊かになる道を追求していったのです。小さな農地に肥料と手間をこれでもかと投入する「小面積精作」という、昭和までの日本農業の基本形ができあがってきました。

この精密な農業は農民に「知的」であることを要求します。小さな田畑からたくさん作物をとるのは、農民が勤勉で頭が良くなければ無理です。賢くなければできない農業なのです。それで、農民たちは積極的に生活向上のための「学び」に取り組み、読み書き、そろばんの能力を身につけるようになります。識字率が高まったことにより、村役人を決める選挙や訴訟ごとの複雑な書類まで作成することができるようになり、本が読めることで知識や娯楽の幅も広がっていきます。

この時期、普通の農民でも相当な数の蔵書をもっていたことが明らかになっています。農民のなかには、先述の鹿野小四郎のように農書を著したり、地域の歴史を書き残したりするような知識人も現れました。

こうした教育水準の上昇、そして世界に冠たる高い識字率は、暮らしの質や充足感を引き上げ、農村社会を「成熟」させることになりました。そしてそのことが、江戸時代後期に花開く分厚い民間社会のベースをつくり上げることにもなったのです。

現代に置き換えると、右肩上がりの成長を続けた昭和はまさに「元禄」、その後のバブル崩壊後の平成の低成長時代が「宝永」に当たると言えるのではないでしょうか。宝永以後、江戸時代の人びとは与えられた資源のなかで身の丈にあった豊かさを見出していく努力を続けました。そうした思考の転換を図った徳川社会に、昭和元禄をへて平成宝永を生きる現代人が学ぶことはたくさんある、と私は思うのです。

この時期の江戸社会は、「量的な拡大から質的な充実へ」と価値観の大転換を図り、安定した成熟社会へと向かいました。そして、幕末にいたるまで、江戸時代の基盤となる豊かな農村社会の原型がこの時期につくられたわけです。

徳川社会が経験したこの価値観の大転換を見つめることは、東日本大震災という未曽有の災害と、それに伴う価値観の転換が求められている今だからこそ、大きな意味があるのではないでしょうか。

宝永地震と巨大津波の経験を経て、江戸時代の社会は、低成長時代にふさわしい安定した成熟社会へと転換を図ったことがおわかりいただけましたら幸いです。

では、そもそも江戸時代の泰平の世を支えたものは何だったのか。江戸時代の高度経済成長を支えた「徳川の平和」（パクス・トクガワ）の源流はどこに求められるのかを、次章では江戸初期に時代をさかのぼり、探ってみたいと思います。

第4章

島原の乱「戦国」の終焉

1637年（寛永14年）

1603 | 徳川家康、征夷大将軍となる

1615 | 大坂夏の陣
武家諸法度、禁中並
公家諸法度を制定

1635 | 参勤交代の制度化

ターニングポイント④ ▶ 1637 | **島原の乱起こる（〜38年）**

1641 | オランダ人を長崎・
出島に移す

1683 | 徳川綱吉、第一条はじめ
武家諸法度を改訂

1687 | はじめの生類憐れみ令発布

前章では、宝永の地震と津波を機に、江戸時代の社会が低成長時代へと突入し、それにふさわしい安定した成熟社会へと転換していった過程を見てきました。こうした価値の転換を通じて、無軌道な開発と自然破壊を前提とする高度経済成長時代は終わりをつげ、江戸時代の平和の基盤となる豊かな農村社会が形成されたということが、おわかりいただけたのではないかと思います。

本章では、そもそも江戸時代の「泰平の世」を支えたものとは何だったのかについて考えてみたいと思います。ご存知のように、江戸時代より以前、日本は戦国時代から安土桃山時代（織豊《しょくほう》時代）にかけて、戦乱の世が百五十年近く続いていました。徳川家康が関ヶ原の戦いを経て江戸幕府を開いたのが慶長八年（一六〇三年）のことです。武家政権である江戸幕府が、公権力として統治機能を発揮することによって、大名権力同士が領土争いを繰り広げる戦乱の時代は終わりを告げます。

しかし、それだけで本当の意味での平和が訪れたわけではありません。時代の変化は、一見して突然起こるように見えるかもしれませんが、社会全体の本質的なあり方は、一朝一夕で変わるものではありません。家康率いる東軍が関ヶ原で西軍に勝利したから、あるいは大坂の陣で豊臣家が滅んだからといって——もちろんそれは、一つの大きな契機にはなりましたが——それで社会変動が一気に起きるというわけではないのです。

では、どのようにして「徳川の平和」は実現したのか。本章では江戸時代の初期に時代をさかのぼって、検証してみたいと思います。

時代のターニングポイントとなったのは、寛永十四年（一六三七年）の、島原の乱（島原・天草一揆）です。この乱は、九州の島原・天草地方で起きた大規模な農民蜂起であり、キリシタン（キリスト教信者）による反体制的武力闘争という一面もありました。江戸時代の歴史において、最後の内乱といえるのが、この島原の乱でした。この事件以降、幕末に至るまで、日本は二百三十年に及ぶ「徳川の平和」を享受するようになります。

それではまず、この島原の乱に至る政治過程と時代状況をたどってみましょう。

徳川時代の幕あけ

慶長八年（一六〇三年）、江戸に幕府を開いた徳川家康は、関ヶ原で徳川方についた大名に論功行賞《ろんこうこうしょう》によって新たな所領を与える一方で、西軍に与《くみ》した諸大名には改易や削封《さくほう》などの厳しい処分を行いました。関ヶ原の直後、家康が没収した知行高は四百十五万石にのぼり、減知《げんち》、すなわち削減高を合わせると六百二十二万石にも達したとされています。これは、当時の全国の石高の約三分の一に相当します。家康はその代わりに、六十八家にのぼる親藩・譜代大名を畿内周辺に配置しました。二百二十万石の所領を有していた豊臣家も、六十六万石の地方大名に落とされてしまったのです。

慶長二十年（元和元年、一六一五年）の大坂夏の陣で豊臣家が滅亡し、その翌年に家康が死去した後も、幕府による諸大名の処分は続きました。二代将軍秀忠から三代将軍家光の時代にかけて、幕府権力の安定化のために大名権力を抑圧するという基本方針は堅持されたのです。

具体的には、反徳川的な動きを見せた（と判断された）り、統治能力を疑われるような不行跡を見せた大名家は容赦なく処分の対象となりました。また、後継者＝継嗣の不在も、こうした処分の対象となりました。その処分とは、具体的には知行を没収する改易や所領を他所に移動させる転封《てんぽう》（国替え）という、大名の配置替えでした。改易＝御取潰しの理由としてもっとも多かったのは、継嗣不在による御家断絶です。後継者不在、後継者不安は、それ自体、統治権を大名に付与してくれる幕府権力に対する失態、あるいは義務履行違反ととらえられました。第3章で触れた池田家のように、後継ぎが幼少だからという理由で、石高の小さい藩に国替えを命じられる場合もあったのです。

家康から三代将軍家光に至るまでのおよそ半世紀に、全国で百三十名の大名が改易となりました。没収した領地は千四百万石に及んだとされています。これらの領地には、徳川一門や譜代大名が新たな領主として配置されました。こうした大名統制・処分は、徳川将軍家が日本最大にして圧倒的な武力をもつ公権力である、という前提で行われました。もしこうした処分に従わないのであれば、武力によって討伐されるのは自明のことでした。以前にも述べましたが、武力を背景とする権威、すなわち「武威」こそが、幕府権力の源泉でした。徳川政権は、まさに将軍の武力によって全国を編成していったのです。事実、徳川将軍は圧倒的に強かったのです。幕府領と旗本領、それに親藩を入れると、全国三千万石のうち、一千万石以上を支配していました。最大の大名である加賀前田家百万石の十倍です。国持外様大名の半分が同時に反乱を起こしても十分対処できたはずです。徳川が亡びたのは西洋から新兵器が入ってきて石高＝軍勢数＝戦力でなくなったからです。徳川の石高が圧倒的であったことも、平和が長く続いた原因でした。しかも、老中として政治の実権をゆだねる譜代大名には、たいした石高を与えず、権力と戦力の分離をはかったので、徳川の天下は家来にうばわれませんでした。

生瀬《なませ》の乱の凄惨な事実

徳川による武の統治は、大名だけでなく庶民にも及びました。武の統治といえば、言葉はましですが、ようするに暴力支配です。その象徴的な事件として、現在の茨城県大子町《だいごまち》——当時、生瀬《なませ》郷と呼ばれていた地域で起きた凄惨《せいさん》な事件を紹介してみたいと思います。「生瀬の乱」あるいは「小生瀬《こなませ》村百姓一揆」などとも言われている事件です。

常陸国(茨城県)の中・北部は、中世を通じて長く佐竹氏が支配してきました。関ヶ原の戦いの折、当主の佐竹義宣《よしのぶ》は積極的には東軍に加担せず、戦後に家康への恭順を表明しました。慶長七年(一六〇二年)五月、突如として義宣に対し出羽秋田への国替えが命じられます。その結果、義宣は多くの家臣団とともに、わずか三ヵ月ほどの間に秋田へと移住していきました。しかし、当然のことながら、この処分は積極的に徳川家に加担しなかったことへの処罰的な意味をもっていましたから、所領を減らされることは間違いありません。となると、すべての家臣を連れて行くことは不可能です。足軽などの下級武士の中には、そのまま所領のある農村に住みつき、帰農する者も少なくなかったと思われます。

佐竹氏が去った後、ただちに家康の五男武田信吉《のぶよし》が水戸城主となりますが、信吉は翌慶長八年に病死し、代わりに家康十男の徳川頼宣《よりのぶ》が水戸城主となります。慶長十四年、その頼宣が国替えで駿河・遠江・東三河に移動したため、今度は家康十一男の頼房《よりふさ》が水戸藩主となりました。わずか七年ほどの間にめまぐるしく領主は替わりましたが、一貫していたのは、家康の男子が領主となることです。江戸に近いということもあり、家康や幕府がこの地を重視していた証拠でしょう。

生瀬郷は、こうした水戸藩の領国内の農村でした。そこで生瀬の乱と呼ばれる農民騒動が起きたわけですが、実はこの騒動については後世の記録しか残されていないため、詳細については確定していません。騒動の起きた時期についても、慶長七年、同十四年、元和三年（一六一七年）、同七年などの諸説あり、定かではありません。

江戸時代後期の水戸藩士で、当時高名な学者でもあった高倉逸斎《いっさい》が、著書『探旧考証』のなかでこの事件に関する諸説を紹介し、考証を加えています。

生瀬郷の百姓が、かねて年貢のことについて不満をもち、徒党を組み出張して来る代官手代を殺そうと謀議したのを、ある村の名主が内報したので、芦沢伊賀が手勢を率いて出向しこれを平定した。この時百姓に多数の死傷者が出、難を逃れて出奔した者も多く年代すら不明であるが、ただ十月十日のことと語り伝えられている。その後、役人の取締りもゆるやかになり、だんだん帰郷して百姓を継続するようになった。

（『探旧考証』〈『大子町史　通史編　上巻』〉）

やはり江戸時代後期の水戸藩士、加藤寛斎《かんさい》が著した「常陸国北郡里程間数之記」には、事件の経緯について次のように記されています。

この年、代官所より役人と称する者が来たので年貢を完納した。ところが後から正吏と称する者が現われ年貢を督促したので、すでに納入済みの旨申立てたが聞入れなかったので、これを、にせ役人と判断して殺してしまった。するとと慶長七年壬寅《じんいん》十月九日の夕方、水戸から征将が手勢を率いて小生瀬村を襲い、老若男女を問わず討捨《うちすて》にされた。

（「常陸国北郡里程間数之記」生瀬乱之由来〈『大子町史　通史編　上巻』〉より）

事件の経緯については、さまざまな説や伝承が残されていて、いまだ確定できていない要素が多いのですが、生瀬郷の農民たちが徳川家の役人による年貢取り立てに不満を抱き、代官を殺害するという事件を起こしたために、弾圧を受けて多数の死傷者を出したことは間違いありません。事件の背景にあるのは、新たに領主となった徳川氏に対する村人たちの抵抗だと考えられています。

さらに旧小生瀬村集落の旧家、大藤家に伝わる古文書には、「一村之《の》農民　妻子ニ至《いたる》まで皆打捨《うちすて》となりし」と記され、小生瀬村の村民が皆殺しにされたと証言しています。犠牲となった村民の数は、五百五十人に及んだとも言われていて、まさに虐殺と言えるような状況であったことは容易に想像できます。

この生瀬の乱は、地元の伝承や古文書にわずかに記録されるだけで、水戸藩の正史には一切記録されていません。しかし、大勢の農民が逃げ込んで皆殺しにされたとされる沢が、現在も地獄沢という地名で呼ばれていることや、村民たちが命乞いをしたとされる沢の入り口付近を嘆願沢、沢の中ほどで血刀を洗った場所を刃拭《はふ》き沢と呼んでいること、そして、切られた村民の身体の一部を埋めた耳塚、首塚、胴塚などの呼称が残っていることからも、徳川家による農民弾圧・虐殺が行われたことは疑いのない事実だと思われます。

「徳川の平和」への助走期間

この生瀬の乱のような出来事は、日本中いつどこで起きても不思議ではありませんでした。江戸時代初頭、戦乱の世はすでに過去のこととなり、天下泰平が実現したとされていますが、この場合の天下泰平とは、領主と領主の間の争い、つまり大名間の戦争がなくなったということに過ぎません。領主が領民に対して行う暴力は、依然として存在したわけです。人びとは絶えず暴力にさらされていました。幕府に限らず、各地の大名は年貢を取るために領民を酷使《こくし》し、抵抗するものは殺したのです。

年貢の取り立て方は、ほとんど戦国時代と変わりません。年貢が払えなければ、領民を捕まえて拷問《ごうもん》にかける。それでも払わなければ農民の家屋を取り壊して、その廃材を売って払わせるといったことも平気で行われました。また、年貢を払わないということを前提として、年貢時になると庄屋や村の有力者の娘を人質としてとり、年貢を払ったら解放するというような、現代から見ればとても政府や国家権力がすることとは思えない暴虐な仕打ちがまかり通っていました。万単位の殺戮《さつりく》でさえ当たり前で、民衆が一揆を起こそうものなら「一村亡所《いっそんぼうしょ》」、すなわち皆殺しにすることも厭わないという血なまぐさい社会――それが江戸時代初期の現実でした。

もう少し時代が下って寛永年間（一六二四〜四四年）の例ですが、会津藩でもそうした事件が起きています。当時の会津は松平家が入る前で、賤《しず》ヶ岳《たけ》七本槍の一人、加藤嘉明《よしあき》が会津四十万石の領主となり、その子明成《あきなり》の代まで加藤家が会津藩主でした。苛酷《かこく》な年貢に思いあまった百姓たちが藩へ直訴するという事件が起きます。「お前のところの百姓たちが、年貢があまりに重すぎると言って訴えてきているが、どうするのか」と藩主に問われた家老は、「いよいよとなったら、すべて〝なで切り〟にして殺すから大丈夫」というような返答をしたと言います。すなで切りとは、稲をなぎ倒すように、すべて切り殺すという意味です。ちなみに、この加藤家時代の会津藩については、かつて私が「左馬助殿軍語」という史伝文学にして、発表したことがあります（『代表作時代小説　男と女、秘めた想いを』所収）。執筆のため資料を読みながら、寛永ごろの大名は残酷なものだとつくづく感じたものです。

ポルトガルの宣教師ルイス・フロイスは、戦国時代の終わりの永禄六年（一五六三年）に来日し、「日本では人殺しは普通のことである」と観察しています。そのくらい生命は軽視されていたわけです。江戸時代になっても、少なくとも寛永年間ごろまでの三十年くらいは、領主が領民の命を平気で奪ってしまうような時代は続いていました。一方で、民《たみ》百姓の側も、そういう領主を相手にする以上、やはり戦国時代以来の気風そのままに、そう簡単には年貢を払わないぞという気概をもっていました。

その意味では、泰平の世とはいえ、江戸時代の初期にはまだ領主と領民との間の紛争は絶えず、本当の意味での「泰平」には程遠い、殺伐とした状況だったと言えます。豊臣が滅んで徳川の世になったといっても、政権移行とは、そう簡単なものではありませんでした。近年、私たちもドラスティックな政権交代を経験しましたが、当時の民にとって徳川の世の到来というのは、それとは比較にならないほどの重大な変化でした。領主が代替わりしたり、所領争いの結果、新しい領主が統治を開始するとき、領民が新たな支配者に対して警戒感をもつのは当然で、一揆が増えたり、徳政令を求めることが戦国時代には頻発しています。

新たな統治者である徳川が、武力によって各地の大名を取り潰し、国替えするなか、領民たちの不安や警戒感はさらに広がっていたはずです。「徳川の世」が受け入れられる過程には、こうした軋轢《あつれき》が全国各地で生じていました。

たとえば大坂の陣が起きるとなったとき、ある地方の農民たちが一気に鉄砲を駆り集めてきて、年貢を払わなくなってしまうという事態が起きています。政権交代によって、領主たちの立場が不安定となるときを見計らって、自分たちの権益を守ろうとしたわけです。それに対して、兵糧米《ひょうろうまい》が必要な徳川方の大名は、領民たちを武力で脅して、ようやく年貢を取り立てました。

さらには、将軍家康から秀忠へ、秀忠から家光へという将軍の代替わりに際しても、こうした軍事的な緊張を含んだ不安定な状況は現れます。徳川の平和が本当の意味で訪れるまでには、泰平の世への「助走期間」とでもいうべき時間が必要でした。江戸時代初期の約三十年間が、まさにその時期に当たると言えるでしょう。

島原の乱とは何か

徳川幕府は、こうした「助走期間」に武力・武威による全国の支配体制を固めていきました。領主層すなわち諸大名は、幕府の武威の前に屈服し、領国においては半ば独立した権力支配をしながらも、国家レベルではあくまでも徳川の家臣であり、徳川将軍から在地支配を許された一地方支配者として定着していきます。被支配層である民衆は、幕府と、幕府によって任命された大名権力の下で、支配層である武士・武家の暴力を伴う強権的支配のもとで呻吟《しんぎん》するようになります。

しかし、こうした幕府のあり方に軌道修正を余儀なくする大きな衝撃を与える大事件が勃発《ぼっぱつ》します。寛永十四年（一六三七年）に起きた島原の乱（島原・天草一揆）です。

事件の発端となったのは、十月二十五日、島原藩の大名松倉勝家の家臣で肥前国有馬《ありま》村の代官林兵左衛門らが、有馬村の百姓、キリシタン村民によって殺害された事件でした。ただちに島原藩士が鎮圧に向かいましたが、一揆勢に押されて島原城に撤退。キリシタン一揆は数日にわたって島原城を攻め立てました。

そのわずか二日後の二十七日、肥後国の天草地方（天草諸島）でも、キリシタンが蜂起しました。当時、天草地方を支配していたのは肥前唐津藩主の寺沢堅高《かたたか》でした。天草の一揆勢は、天草郡下島《しもしま》の富岡城（熊本県苓北町《れいほくまち》）を包囲し、城代の三宅重利の軍勢を攻め立てました。

島原半島と天草諸島をあわせて、住民三万七千人が蜂起したとされています。その大多数は農民でしたが、数十人の牢人をはじめ、海・舟稼ぎの者や商工人、さらには女子供さえも含む地域住民の大半が参加した一揆で、その後、江戸時代を通じて頻発した百姓一揆とは、明らかに異なるものでした。

一揆の背景には、この地方で数年に及んだ飢饉がありました。飢饉にもかかわらず重い年貢を課した領主に対して農民の不満が爆発したのです。この乱は、島原・天草一揆とも呼ばれ、領主に対する大農民一揆だったと考えられていますが、一方で、蜂起の主たる原因を、キリスト教への迫害に対する抵抗とみなし、すなわち宗教戦争としての側面もあったと指摘されています。

この蜂起は、必ずしも重税に苦しむ領民派の支持を得ていたわけではありません。むしろ、重税に苦しむ民衆にキリシタンへの改宗を強制し、これを拒んだ人びとを攻撃するという、不可思議な行動も起きています。また、そもそも信仰篤いキリシタンは、幕府からの迫害を受けたとき、躊躇《ちゅうちょ》なく殉教の途を選ぶ傾向があり、本来はキリスト教と武装蜂起とはなじまないものです。にもかかわらず、彼らが蜂起したわけは、一揆に参加したキリシタンの多くが、秀吉以来のキリシタン禁令による弾圧に屈して棄教（キリスト教信仰の放棄）をしておきながら、この蜂起の機会に改めてキリスト教に改宗した「立《た》ち返《かえ》りキリシタン」だったこともあるといわれています。

すでに触れたように、この時代はまだ戦国の気風や殺伐とした雰囲気、暴力と殺戮の習慣が社会全体に色濃く残っていました。したがって、領主権力への要求が、武装蜂起という直截《ちょくせつ》なかたちをとることは珍しいことではなかったのです。

島原・天草地方では、松倉氏や寺沢氏が入封してくる以前の領主、すなわちキリシタン大名として知られる小西行長《ゆきなが》や有馬晴信《はるのぶ》らの旧臣が土着して牢人となり、このキリシタン一揆の指導層となったと指摘されています。

つまり、重税に苦しむ農民層の不満と、幕藩体制下の新たな支配層として現れた現在の領主に対する牢人など旧武士層の反発が重なり、そこにキリシタンによる宗教戦争という側面が加わった結果、島原の乱は古今未曽有の大規模一揆へと広がったのだと、現在では考えられています。

武士が払ったコスト

島原・天草の一揆勢は、それぞれ島原城、富岡城を数日間にわたり攻めましたが、容易には落ちませんでした。そこで、両一揆勢は島原半島南部の古城、原城に集結し、籠城することになります。一揆勢が立てこもった原城は有馬氏時代の城で、慶長二十年（一六一五年）に出された一国一城令によって廃城となっていました。

十一月九日にキリシタン蜂起の一報を受けた将軍家光は、ただちに板倉重昌《しげまさ》と石谷貞清《いしがやさだきよ》の派遣を決め、さらに参勤で江戸にいた島原藩主の松倉勝家と豊後府内藩主の日根野吉明《ひねのよしあきら》に国元への帰国を命じました。さらに、江戸にいた九州の諸大名にも帰国して原城攻撃に加勢するよう通達します。

板倉と石谷は十二月五日には島原に到着し、諸大名の軍勢からなる総勢十二万四千の大軍をもって原城に攻撃を仕掛けますが、一揆勢の反撃に苦しみます。原城に立てこもる一揆勢は総勢二万三千人とも三万七千人とも言われています。数の上では圧倒的に討伐軍が優位でしたが、旧有馬家の家臣ら牢人に率いられた一揆勢は巧みに籠城し、敵を寄せ付けません。とうとう年をまたぎ、明けて寛永十五年元旦に討伐軍は総攻撃をかけますが、指揮官の板倉が銃撃を受けて死亡するという大失態を招いてしまいます。

正月四日に到着した幕府老中の一人である松平信綱《のぶつな》と大垣藩主の戸田氏鉄《うじかね》が新たに指揮官となります。信綱は兵糧攻めによって城兵を弱らせたうえで、二月二十七日から二十八日にかけて総攻撃を敢行しました。そして、四ヵ月に及んだ戦闘の末、ついに幕府の討伐軍は一揆勢を鎮圧。籠城していた一揆勢はすべて討ち取られました。女子供に至るまで、殺戮の対象となったのです。

一方の幕府側も大きな痛手を受けました。鎮圧軍の死傷者は八千人とも、一万二千人とも言われています。一万二千だとすると、討伐軍総勢十二万の一割にも達します。それどころか、当時、全国で武士の数は全人口の約一割で、百五十万足らずでした。およそ百人に一人の武士が、島原の乱で死傷した計算になるわけです。

ちなみに、私の先祖は岡山藩の支藩に仕えていたのですが、当時、親戚に丹羽次郎左衛門という人物がおり、このとき、気性のおちついたメス馬に乗って、戦いに参加しています。一揆勢に鉄砲で腕を撃ち抜かれた丹羽は戦闘不能となり、やむなく帰国して有馬温泉で湯治《とうじ》したと記録にあります。この時代、とくに西国の武士は親類知人の誰かが島原でやられています。それくらい、島原の乱での武士の死傷者は多かったということなのです。

しかし、もっと大きな問題となったのは、多大の犠牲者をだした島原・天草のその後です。これだけの数の領民が一度に亡くなったのですから、島原・天草の人口は激減して農村は荒廃の一途を辿ります。これは幕府にとって大きな教訓となりました。つまり領民を殺戮しすぎると領地から年貢を納めてくれる農民がいなくなり、その地を治める武士たちが食えなくなるという、実にシンプルな理屈です。

島原・天草の新たな領地経営のためには、人口を増やすことが不可欠でした。幕府は移民令を出し、近隣諸藩から島原への入植を図らねばなりませんでした。さらに移民を促進するため、十年間領地の年貢を減免する措置も行われます。荒廃したこの地方を再興するためには、膨大なコストを要したわけです。島原の乱によって、幕府や支配層である武士たちは、多大な代償を払わされることになったのです。

愛民思想の芽生えと「武断」から「仁政」へ

この乱の代償はあまりに大きかったため、この後、幕府や大名たちは国の統治にかかわる基本的な考え方を改めざるを得なくなります。島原の乱をきっかけに、むき出しの武力・暴力をもって力ずくで領民を従わせるということは、とてつもない代償を伴うということが身に染みてわかった支配層のなかに、「愛民思想」のようなものがひろがってきます。

それは「民は国の本《もと》なり」という言葉に象徴されますが、かいつまんで言うならば、民は天からの預かりものである。それを天から将軍が預かり、さらにそれを大名が大切に預かっているものだ。だからその民をひどい目に遭わせると、将軍様やお天道さまに申し訳が立たない——という発想です。
たとえば、岡山藩主・池田光政は、乱の後、大洪水に襲われて家臣が動揺したとき、家臣一同に対して、年貢負担者としての百姓を保護するよう言い渡しています。

百姓を牛馬のように扱うのはまかりならぬ。百姓を大切にしないと反乱が起き、将軍によって領地が召し上げられて国が亡びる。（『池田光政日記』）

さらに光政は家臣に対し、「乱世の忠」から「無事の忠」への意識転換を求めています。こうした光政の思想については岡山藩研究で知られる谷口澄夫氏や早稲田大学名誉教授の深谷克己氏が鋭い指摘をしておられます。戦国時代には戦働《いくさ》きに精を出し、主君の馬前で討ち死にするのが忠義（「乱世の忠」）であったが、泰平の世では領民の統治にあたる武士としてふさわしい「徳」をそなえることが大事になってくる。そして、それこそが主君への忠義（「無事の忠」）である――光政の主張を要約すると、以上のようになります。この考えでは、徳をもって領民を正しく統治することこそが、「いまどきの」武士の正しいあり方だと規定しているわけです。こうした意識改革が一朝一夕に実現できたとは思えませんが、島原の乱を境に、明らかに時代の潮目が変わったことは疑いのないところです。

幕府政治に目を転じれば、この乱により、徳川幕府はこれまでの武力による統治、「武断政治」の難しさを感じたのだと思います。「武断政治」といっても、すでに見てきたように、その内実は暴力政治といってもいいものでした。しかし、島原の乱でその限界をはっきり認識しました。「武断」を続けている限り、戦国時代と変わらず、安心できないことに気がついたのです。徳川の統治を安定させ、天下泰平をもたらすには、何としても「戦国」を終わらせる必要がある。そのためには、まず武士のあり方を変えなければならないという結論にいたったのです。

武家政治の大転換

それでは、島原の乱を経て、徳川幕府はどのように政策を転換させていったのでしょうか。慶安四年（一六五一年）、四代将軍家綱の政権は、当時大きな社会問題となっていた牢人の取り締まりに乗り出しました。当時、戦国の気風を引きずり新しい世になじむことができない牢人が乱暴をはたらき、社会の秩序を乱すという事例が目につきました。こうした牢人は全国で約四十万人に及んだといわれています。戦で武功をあげて出世を図るという戦国時代と変わらぬ古い価値観を抱き、戦乱を心ひそかに待望する武士がまだ多数いたのです。

泰平の世に実現した「身分秩序の固定化」は社会の安定をもたらしましたが、

その恩恵にあずかることができず、社会からドロップアウトした存在にとっては、身分秩序の崩壊・逆転を可能にする戦乱こそが、唯一の「希望」に見えたのかもしれません。

当時、泰平の世に不満をもつ層が社会に一定数存在し、戦国の威風そのままに、社会秩序を脅かしていたのです。こうした牢人が多数発生した大きな原因は、跡取りのいない大名の取り潰しにありました。改易後には、大勢の家臣が牢人となって流浪するはめになる。

家綱政権はこうした大名統制策の弊害を改めようとします。従来、武家の当主が後継者不在のまま死の床についたとき、御家存続のために緊急に養子を迎えて後継者とする「末期《まつご》養子《ようし》」を、幕府は大名に対しては禁じていました。しかし、それを緩和することで大名家の廃絶を減らし、牢人の発生を抑制したのです。

さらに、市中で乱暴をはたらく旗本奴や町奴といった「かぶき者」を一斉に摘発。社会から一掃を図りました。旗本奴とは、旗本子弟などの青年武士で、町奴は、旗本奴に対抗した町人出身の任侠の徒です。無頼《ぶらい》の徒と化した彼らもまた、戦国の殺伐とした気風を残したまま、泰平の世に急成長した都市部の治安を脅かしていたのです。

続いて五代将軍となった綱吉は、さらに大きな施政方針の転換を図りました。幕府が武家を統制するために設けた基本法が「武家諸法度」です。慶長二十年(元和元年、一六一五年)に二代将軍秀忠が発したものを嚆矢《こうし》とし、その条文は八代将軍吉宗の時代に固定化されるまで、将軍代替わりのたびに改訂されていました。

その第一条は、「文武弓馬の道、専《もっぱ》ら相嗜《あいたしな》むべき事」とされ、「弓馬の道」=武道をたしなむことが第一義とされていました。三代将軍家光の時代に、法度の他の条文は大幅に加除・修正されましたが、この第一条だけは手つかずのままでした。

ところが綱吉は、その第一条を「文武忠孝を励し、礼儀を正すべき事」と改めました。これまでの武家の価値観を改め、武道に代わって、忠孝、礼儀による上下の秩序維持が第一とされています。武威をふるう替わりに、儀礼を重視し、上下の秩序を維持する論理への転換が求められたわけです。武士の世の大きな価値観の転換でした。

さらに綱吉は、武士だけでなく、庶民にも新たな価値観を浸透させました。それが「生類憐れみ令《しょうるいあわれみれい》」です。これは非常に誤解されている法令で、悪法の象徴のように扱われています。しかし、決して犬の命だけを尊重しよう、犬だけを大事にしようというおかしな法令ではありません。具体的な条文にはこうあります。

犬ばかりに限らず、惣《すべ》て生類人びと慈悲の心を本といたし、憐み候儀肝要《かんよう》事

（『御当家令条』）

つまり、生きとし生けるもののすべてを将軍が保護する、という法令だと解釈

するのが正しいのです。しかも、これは一片の法律ではなく、実際には、老人を姥捨《うばす》て山のようなところに捨ててはいけない、病人や行き倒れとなった人の治療を放棄して打ち捨て、殺してしまってはいけないという、二十年ほどかけて出され続けた、社会的な弱者を救済するさまざまな法令群を「生類憐れみ令」と総称しているのです。これについては、塚本学『生類をめぐる政治　元禄のフォークロア』『生きることの近世史　人命環境の歴史から』という名著がありますから、ご興味のある方は、ぜひ読んでいただきたいと思います。

綱吉の根本意図は、人びとに「慈悲」や「仁」の心をもたせることでした。綱吉は雷を極端におそれる臆病さがある反面、学問では歴代将軍中屈指の頭脳と教養を有していました。当時、幕府の正式な学問として扱われていた儒学に深い造詣をもち、将軍自ら講義を行うほどの実力者だったのです。その綱吉だからこそ、こうした政治思想や価値の大転換が可能だったのかもしれません。

その結果、「命」を尊重するという価値観が社会に根付いていきました。綱吉は悪い犬公方《いぬくぼう》とされていますが、実は、彼こそが徳川の平和に大きく貢献していました。それは、政治・統治の面でみれば、「殺す支配」から「生かす支配」への転換だったといえるでしょう。生命重視への大転換がまさに綱吉によって図られ、徳川の平和が完成したのです。

本書では、何度も「徳川の平和」というキーワードを用いてきましたが、平和はたやすく達成できるものではありません。平和という観点から見ると、この島原の乱から綱吉にかけての時代こそ、日本史の中の大きな転換点でした。それはまさに「未開から文明への転換」と言えるかもしれません。

日本の国柄や価値観のもっとも大きな変革は、明治維新であったとよく言われますが、ある意味、江戸時代初期に実現したこの変化は、明治維新よりも大きかったと私は考えています。明治以降と江戸は、民の保護を国（政府）の業務内容とする点では似た価値観の上に成り立っている社会ですが、戦国と江戸の間には深い断絶があります。

歴史は長いスパンで考えてみればわかりやすくなります。たとえば鎌倉時代、「獄前の死人、訴えなくば検断せず」という言い方がされますように、役所の門前に他殺死体があっても、被害者の家族から「捜査してください」「犯人を捕まえてください」といった訴えが出なければ、死んだままで放置されてしまう。それが中世の法の原則です。

ところが江戸時代になると、人が殺されれば捜査が始まります。時代劇でおなじみの八丁堀の旦那（町奉行所同心）が動き出すのです。人権意識というよりも、殺人事件は、幕府なり大名の御威光を傷つけるという体面意識から捜査が始まるわけですが、中世との違いは、とてつもなく大きいと言わざるを得ません。

「平和の到来」をもたらした「生命の尊重」

本書では、江戸時代の天下泰平が築かれ、維持されてきた過程を見てきましたが、本章でみた島原の乱から「生類憐れみ令」にかけての社会の大きな転換が、後の泰平の礎《いしずえ》になっていることがわかると思います。この時期に実現した「平和の到来」があったからこそ、江戸時代の社会は、幾多の危機を乗り越え、泰平を持続させることができたのです。

第3章で見たように、宝永地震と巨大津波にみまわれながらも成熟した農村社会をつくり上げられたのは、平和を背景に知的な農民たちが努力する環境を与えられていたからです。さらにその後の天明の大飢饉で農村社会が破綻《はたん》に追い込まれると、今度は幕府や藩が民政重視へと転換し、福祉政策の真似事をはじめ、民間社会を支えはじめました。そしてロシアとの対外危機では、幕府が国を守る鎖国観念を醸成することで、その後の華やかな江戸文化の隆盛を守ることができました。

江戸時代を概観してみますと、二百六十年に及んだ江戸幕府の根幹を支えていたのは、何よりも江戸人のメンタリティーではないかという気がしてきます。「徳川の平和」は、その根底に「生命の尊重」という価値基準を据えることによって実現したものであり、その意味において、今日を生きる私たちにも大いに示唆するところがあると思います。

戦乱の世の殺伐たる社会を終わらせたのも、経済効率だけに突き動かされた乱開発と環境破壊を止揚《しよう》したのも、そして民政重視の政治へとシフトして自然災害を乗り越えたのも、さらには対外的な危機を梃子《てこ》として、「民命」を守るという価値観を再認識したのも、すべて「命を大切にする」という江戸時代に新たに見いだされ、醸成された価値観であったことが、本書を通しておわかりいただけるのではないでしょうか。

今、私たちの生きる二十一世紀は、人類史・文明史的観点から見れば一つの到達点に達しているように見えます。しかし、一方では未曽有の大地震、津波災害、そして目に見えない放射能の恐怖といった、人智を超越した危険と不安に取り囲まれています。二百六十年以上続いた江戸社会のあり方や、「徳川の平和」を生み、維持していった叡智《えいち》から、学ぶべきことは少なくないように思えてなりません。

さらに加えるならば、目先のことだけを考えてはいけないという教訓も、江戸社会のあり方や「徳川の平和」から導き出せると思います。

江戸時代は長く、百年に一回程度は国家的な危機（自然災害）や時代の転換点が訪れます。そしてその都度、私たちの先祖である江戸時代の人は知恵を絞り、身を犠牲にして危機を乗り越えてきたのです。

私の好きな言葉に、渡辺崋山《かざん》の「眼前ノ繰廻《くりまわ》シニ百年ノ計ヲ忘スル勿《なか》レ」（八《はち》勿《ぶつ》の訓）というのがあります。目の前を繰り回すために百年のはかりごとを忘れてしまっては、大きな禍根を残すことになるという意味の警句です。現在の社会が、簡単には解決のつかない深刻な問題に囲まれているのは紛れもない事実です。自然災害だけでなく、公のあり方も大きな問題を抱えています。

しかし、目の前の問題が大変だからといっても、百年の計、すなわち長期的な視点を失わないようにしなければなりません。それが、幾多の危機を乗り越えてきた江戸時代の人びとの生き方から学びとることができる、最大・最高の教訓だと、私は思います。

参考文献

第1章

渡辺京二『黒船前夜――ロシア・アイヌ・日本の三国志』（洋泉社）2010
渡辺京二『逝きし世の面影 日本近代素描Ⅰ』（葦書房）1998
森荘已池『私残記――大村治五平に拠るエトロフ島事件』（中公文庫）1977
菊池勇夫『エトロフ島――つくられた国境』（吉川弘文館）1999
秋月俊幸『日露関係とサハリン島――幕末明治初年の領土問題』（筑摩書房）1994
木崎良平『漂流民とロシア――北の黒船に揺れた幕末日本』（中公新書）1991
菊池勇夫編『日本の時代史19 蝦夷島と北方世界』（吉川弘文館）2003
和田春樹『開国――日露国境交渉』（日本放送出版協会）1991

第2章

藤田覚『松平定信――政治改革に挑んだ老中』（中公新書）1993
藤田覚編『日本の時代史17 近代の胎動』（吉川弘文館）2003

菊池勇夫『飢饉の社会史』（校倉書房）1994
菊池勇夫『近世の飢饉』（吉川弘文館）1997
渡辺尚志『浅間山大噴火』（吉川弘文館）2003
竹内誠『大系日本の歴史10　江戸と大坂』（小学館）1989
野中和夫編『江戸の自然災害』（同成社）2010
村上直『江戸幕府の代官群像』（同成社）1997
岩手県立博物館第59回企画展図録『北の黒船』（財団法人岩手県文化振興事業団）2008
大石慎三郎『天明三年浅間大噴火——日本のポンペイ鎌原村発掘』（角川書店）1986

第3章

高埜利彦編『日本の時代史15　元禄の社会と文化』（吉川弘文館）2003
大石学編『日本の時代史16　享保改革と社会変容』（吉川弘文館）2003
倉地克直『全集日本の歴史11　徳川社会のゆらぎ』（小学館）2008
安倉清博『上道郡沖新田』（日本文教出版、岡山文庫）2008
野中和夫編『江戸の自然災害』（同成社）2010

小山真人『富士山大噴火が迫っている!――最新科学が明かす噴火シナリオと災害規模』(技術評論社) 2009
西山昭仁「宝永地震(1707)における大坂での震災対応」(『歴史地震』第18号) 2002

第4章

神田千里『島原の乱――キリシタン信仰と武装蜂起』(中公新書) 2005
荒野泰典編『日本の時代史14 江戸幕府と東アジア』(吉川弘文館) 2003
高埜利彦編『日本の時代史15 元禄の社会と文化』(吉川弘文館) 2003
大石学編『日本の時代史16 享保改革と社会変容』(吉川弘文館) 2003
水本邦彦『全集日本の歴史10 徳川の国家デザイン』(小学館) 2008
堀新『日本中世の歴史7 天下統一から鎖国へ』(吉川弘文館) 2010
大子町史編さん委員会編『大子町史 通史編 上巻』(大子町) 1988
益子公朋「生瀬乱再考」(『大子町史研究』第8号) 1980
深谷克己『大系日本の歴史9 士農工商の世』(小学館) 1988

日本の動き

1600	関ヶ原の戦い
1603	徳川家康、征夷大将軍となる
1615	大坂夏の陣 武家諸法度・禁中並公家諸法度を制定
1633	奉書船以外の海外渡航禁止、在外五年以上の日本人の帰国禁止
1635	外国船の入港を長崎・平戸に限る 日本人の海外渡航・帰国を禁ず 参勤交代の制度化
1636	日光東照宮の大造営完成
1637	**島原の乱起こる**（〜38年）

世界の動き

1600	イギリス東インド会社設立
1602	オランダ東インド会社設立
1618	三十年戦争始まる
1622	明、白蓮教徒の乱
1628	イギリス、権利請願

1641	オランダ人を長崎・出島に移す
1683	徳川綱吉、第一条はじめ武家諸法度を改訂
1687	はじめの生類憐れみ令発布
1690	ドイツ人ケンペル来日
1707	宝永の地震・津波、富士山噴火
1716	徳川吉宗、将軍となる（享保の改革始まる）
1717	大岡忠相を江戸町奉行に登用
1722	上米制、新田開発を奨励する
1742	公事方御定書の完成
1772	田沼意次、老中となる

1640	イギリス、ピューリタン革命（～60年）
1648	ウエストファリア条約締結
1688	イギリス、名誉革命
1701	スペイン継承戦争（～13年）
1740	オーストリア継承戦争（～48年）

日本の動き	
1783	浅間山噴火・天明の飢饉（〜87年）
1787	江戸の打ちこわし
1789	松平定信、老中首座となる 幕領に郷蔵の建設を命じる 諸大名に囲籾令を出す
1792	ラクスマン、根室に来航
1804	レザノフ、長崎に来航し通商要求
1806	露寇事件起こる（〜07年）
1808	間宮林蔵、樺太探査（〜09年）
1825	異国船打払令

世界の動き	
1776	アメリカ独立宣言
1789	フランス革命
1796	清、白蓮教徒の乱
1804	ナポレオン皇帝即位
1806	神聖ローマ帝国滅亡
1814	ウィーン会議（〜15年）
1830	フランス七月革命

【放送記録】 さかのぼり日本史「江戸 “天下泰平”の礎」

第１回 「鎖国」が守った繁栄　　2011年10月４日放送

資料提供　国立公文書館、東京大学史料編纂所、北海道大学附属図書館、斜里町立知床博物館、岩手県立博物館、函館市中央図書館、浦川和男、大村次盛
出演　磯田道史（国際日本文化研究センター准教授）
テーマ音楽　横山克
タイトル映像　鈴木哲
キャスター・語り　石澤典夫
撮影　滝澤真之、亀山年弘
照明　関口珠州男
音声　戸田正徳
ＦＤ　木下潤子
リサーチャー　長峰麻妃子、及川悠理
編集　富山信章
ディレクター　小林亮夫
制作統括　谷口雅一

第２回 飢饉が生んだ大改革　　2011年10月11日放送

資料提供　福島県歴史資料館、塙町教育委員会、八戸市史編纂室、対泉院、越谷市立図書館、浅間縄文ミュージアム、嬬恋郷土資料館、葛飾区郷土と天文の博物館、鎮国守国神社、明治大学博物館、木村澄男、美斉津洋夫、秦太一郎
音楽・スタッフ他　同上

第３回 宝永地震 成熟社会への転換　　2011年10月18日放送

資料提供　政田民俗資料館、岡山市立中央図書館、海陽町立博物館、西尾市岩瀬文庫、川野好春、鹿野邦夫、鈴木勲、岡田正司、桜井健太郎
音楽・スタッフ他　同上

第４回 島原の乱 「戦国」の終焉　　2011年10月25日放送

資料提供　日光東照宮、国立公文書館、財団法人鍋島報效会、佐賀県立図書館、大村市立史料館、小澤圀彦、大藤勝也
音楽・スタッフ　同上

本書は、二〇一二年一月にNHK出版より刊行された「NHKさかのぼり日本史⑥江戸〝天下泰平〟の礎」を文庫化したものです。

構成　安田清人（三猿舎）
DTP制作　エヴリ・シンク

文春文庫

徳川《とくがわ》がつくった先進国日本《せんしんこくにつぽん》

定価はカバーに
表示してあります

2017年1月10日　第1刷
2017年1月25日　第2刷

著　者　磯《いそ》田《だ》道《みち》史《ふみ》

発行者　飯窪成幸
発行所　株式会社 文藝春秋

東京都千代田区紀尾井町 3-23　〒102-8008
TEL 03・3265・1211
文藝春秋ホームページ　http://www.bunshun.co.jp

落丁、乱丁本は、お手数ですが小社製作部宛お送り下さい。送料小社負担でお取替致します。

印刷・凸版印刷　製本・加藤製本

Printed in Japan
ISBN978-4-16-790776-1